Pour l'amour de ce pays :

Quinze voix pour un Canada uni

«Nous ne devons pas s...
les avantages que Dieu n...
en tant que nation au point ...
dépouiller dans notre sommeil.»
Major Général (retraité) Lewis MacKenzie

Les Canadiens ont toujours été perçus comme réticents. Ou, comme l'écrivain des Maritimes Lesley Choyce nous décrit : «un grand pays, timide et quelque peu embarrassé.» Mais lorsque nous avons à faire face à la crise d'une possible désintégration, quinze voix, d'origines diverses et provenant de différentes régions du Canada, ont saisi l'occasion pour nous parler de ce que nous avons et de ce que nous risquons de perdre.

Chaque auteur à répondu avec passion et conviction. Que ce soit selon la perspective unique de Roberta Bondar dans l'espace ou selon celle de Joe Clark écrivant d'Afrique du Sud, les arguments avancés sont tous fortement en faveur de l'unité et de la compréhension. Il y a des surpri-ses merveilleuses : le récit du voyage dans le temps de Laurier LaPierre, le poème personnel et émouvant de Roch Carrier. Enfin pour fermer le cercle, il y a également les contributions de Matthew Barrett, Neil Bissoondath, Stompin' Tom Connors, Matthew Coon Come, Ivan Jaye, Judy Mappin, Peter C. Newman et Bob White.

Ce recueil remarquable d'essais au sujet de notre pays, écrits du fond du cœur, serait le bienvenu à n'importe quel moment. Dans le cas présent, il constitue un véritable appel destiné à éveiller chaque Canadien et chaque Canadienne, pour qu'ils fassent preuve de courage et de conviction, pour qu'ils s'expriment et affirment les raisons de notre amour pour ce pays et la nécessité de le garder uni.

Pour l'amour de ce pays

Quinze voix pour un Canada uni

Penguin Books

PENGUIN BOOKS

Publié par le Groupe Penguin

Penguin Books Canada Ltd, 10 avenue Alcorn, Toronto (Ontario) Canada M4V 3B2

Penguin Books Ltd, 27 Wrights Lane, London W8 5TZ, Angleterre

Penguin Books USA Inc., 375 Hudson Street, New York, New York 10014, É.-U.

Penguin Books Australia Ltd, Ringwood, Victoria, Australie

Penguin Books (NZ) Ltd, 182-190 Wairu Road, Auckland 10, Nouvelle-Zélande

Penguin Books Ltd, Registered Offices : Harmondsworth, Middlesex, Angleterre

Publié dans la collection Penguin Books 1995

1 3 5 7 9 10 8 6 4 2

Fabriqué au Canada

Canadian Cataloguing in Publication Data

Main entry under title:

If you love this country : fifteen voices for a unified Canada

Text in English and French with French text on inverted pages.
Title on added t.p.: Pour l'amour de ce pays : quinze voix pour un Canada uni.
ISBN 0-14-025251-7

1. Canada - English-French relations. 2. Canada - Politics and government - 1993-   .*
3. Nationalism - Canada. I. Bissoondath, Neil, 1955-   . I. Title : Pour l'amour de ce pays.

FC98.14 1995   971.064'8   C95-930915-2E

Données de catalogage avant publication (Canada)

Vedette principale au titre :

Pour l'amour de ce pays : quinze voix pour un Canada uni

Texte en francais et en anglais dispose tête-bêche.
Titre de la p. de t. additionnelle : If you love this country: fifteen voices for a unified Canada.
ISBN 0-14-025251-7

1. Canada - Relations entre anglophones et francophones. 2. Canada - Politique et
gouvernement - 1993-   . 3. Nationalism - Canada. I. Bissoondath, Neil, 1955-   .
II. Titre : If you love this country.

FC98.14 1995   971.064'8   C95-930915-2F
F1027.14 1995

Les articles de Matthew Barrett, Matthew Coon Come et Bob White sont des adaptations de
discours qu'ils ont prononcés.

Photo de la couverture © Hank de Lespinasse/The Image Bank

Introduction

❦

Il n'est pas simpliste, comme le fait remarquer Joe Clark, de croire aux gestes personnels.

En écoutant l'émission *As It Happens* un soir de janvier, une grande frustration m'a envahie. Des politiciens et des économistes discutaient de ce qu'il arriverait si le Québec optait pour la souveraineté. Froidement, ces spécialistes, ainsi qu'ils se nomment, étudiaient les répercussions économiques, militaires et politiques du démembrement du Canada, s'appuyant sur la tactique de la peur, tactique aux résultats prévisibles.

Ce livre constitue un geste personnel : une collection de propos passionnés au cœur d'un débat largement sans passion. Face à un référendum qui met réellement en péril l'unité nationale, quinze Canadiens et Canadiennes de différents horizons et régions se sont ralliés pour faire connaître leurs réactions. En livrant leurs opinions dans cet ouvrage spécial, ils ont parlé avec témérité, et souvent avec beaucoup d'émotion, de ce que nous avons—et de ce que nous pourrions perdre. Il est évident que les Canadiens—citoyens de ce que l'écrivain des Maritimes Lesley Choyce appelle «un grand pays, timide et quelque peu embarrassé»—tiennent beaucoup à ce que notre pays survive et ne sont pas tout à fait aussi réservés que le suggère l'image qu'il projette.

Pour l'amour de ce pays met en vedette quelques-uns des propos les plus beaux et les plus émouvants jamais tenus sur le Canada—de l'unique perspective de Roberta Bondar à partir de l'espace à l'éloquent plaidoyer que Joe Clark composa au cours d'une visite en Afrique du Sud,

juste après son unification, en passant par les sages réflex-
ions de Stompin' Tom Connors sur ce pays qu'il a sillonné
et immortalisé dans ses chansons. Bob White et Peter C.
Newman ne mâchent pas leurs mots, Roch Carrier se fait
poétique et Laurier LaPierre voyage dans le temps avec son
scénario patriotique imaginaire. Et, comme il s'agit d'une
question qui nous touche tous, nous avons inclus deux
articles d'écrivains jusque-là inconnus—des Canadiens
ordinaires dont les propos sonnent tout aussi justes que
ceux des collaborateurs plus connus que ce livre publie.

À l'heure où je rédige cette introduction, il semble
que l'élan séparatiste s'essouffle—le référendum sera sans
doute reporté et les électeurs risquent au bout du compte
de se prononcer en faveur de l'unité. Pourtant, le succès
durable du Parti Québécois au Québec est porteur de
nouvelles différentes. La vérité : nous sommes aux prises à
un problème ne datant pas d'hier et nous faisons face à
n'en pas douter à un avenir troublant.

Quoiqu'il arrive dans les mois prochains, les
Canadiens doivent regarder au-delà de la crise actuelle et
exprimer sans détours leur volonté de préserver l'intégrité
et la diversité de notre pays. Admirons la culture distincte
qui caractérise le Québec et admettons la fierté que nous
en tirons. Tendons-nous la main—d'une personne pas-
sionnée à une autre—et affirmons notre amour et notre
respect à l'égard de ce pays et de ses peuples. Faisons tout
notre possible pour créer de manière plus éclairée un nouveau sentiment d'unité. Ne soyons pas une nation brisée
ou diminuée, mais une nation vivant une renaissance.

Cynthia Good
Éditeur, Penguin Books Canada Limited
Mars 1995.

Remerciements

Ce livre n'aurait pu être publié sans l'énergie et le dévouement de nombreuses personnes. Tout d'abord, je tiens à remercier les collaborateurs et les personnes qui les aident d'avoir accepté avec une telle éloquence et rapidité de participer à ce projet. Je voudrais aussi remercier ceux et celles qui auraient souhaité y participer, mais qui en raison des contraintes de leur emploi du temps ont dû décliner notre invitation. Cette occasion qui m'a été donnée de parler avec vous tous et toutes de l'avenir du Canada a été une source d'inspiration et une expérience que je ne suis pas prête d'oublier.

Tous nos remerciements aussi à l'extraordinaire équipe des traducteurs et traductrices pour leur dévouement, compétences et efficacité; à Dianne Craig qui a fait face une fois de plus à une date d'échéance ridicule avec son habituel sens de l'humour et dévouement; et à Wendy Thomas, coordonnatrice du projet, pour son génie de l'organisation et son sens des responsabilités.

Heureusement, Bruce Westwood de la compagnie Westwood Lord Inc. a été le premier à entendre parler de ce livre. Et quelle chance nous avons eue de l'avoir! Il a embrassé le projet avec enthousiasme et est devenu en quelque sorte associé à sa planification, nous faisant des suggestions pratiques, nous encourageant constamment et se montrant toujours prêt à exprimer son amour du Canada, attitude qui est devenue par bonheur la norme chez tous ceux et celles qui ont participé au projet.

Table des matières

Journal de bord spatial STS42 — Discovery

❧

Roberta L. BONDAR,
O.C., O. Ont., M.D., Ph.D., F.R.C.P.(C)

LE centre de transmission sur la Terre a prolongé notre séjour en orbite de vingt-quatre heures, nous allons continuer à faire le tour de la planète à cent soixante milles nautiques de distance de celle-ci. De nombreux échanges, pas toujours très subtils ont eu lieu entre notre équipage et l'équipe de contrôle au sol au sujet de la révision du programme d'activités de l'équipage relatives à la charge utile de la navette envoyée par radio. La journée et la nuit terrestre supplémentaires ne vont ni nous apporter le repos bien mérité ni nous donner le temps d'admirer les étoiles ou notre planète d'origine. Cela peut sembler être un traitement bien sévère pour nous, ici dans l'espace, à bord de *Discovery*, pour nous récompenser du dévouement total et de longues heures de travail dans le Spacelab qui ont consommé nos énergies. J'ai survécu à l'entraînement, au lancement, et dans la vie en général, et j'ai besoin de temps pour savourer mon rêve, non seulement pour moi mais aussi pour ceux qui ne peuvent être avec moi que par la pensée.

Dans un moment comme celui-ci, je me demande s'il existe quelque chose pour soulager mon dos endolori et pour rafraîchir mes yeux fatigués. Dans l'avenir, d'autres missions vont profiter de notre travail, mais pour l'instant, je sais qu'étant une pionnière, je suis en train de pousser au-delà des limites à la fois la connaissance de l'espace, l'histoire, et le mode de pensée de l'humanité, pas uniquement les limites physiques de mon corps originaire de la Terre. J'ai donné le meilleur de moi-même pour cette mission, et cependant je sais que je peux sans doute donner plus—plus de discipline, plus de force, plus d'énergie. Je ne peux faire appel à mes systèmes de soutien qui se trouvent quelquefois à un demi monde de distance. Je ne vois que mes compagnons d'équipage et je n'entends que les conversations très professionnelles en provenance de Huntsville et de Houston. Il n'y a pas de musique émise par nos camarades au sol pour nous réveiller au cours de ce vol, étant donné que nous travaillons vingt quatre heures sur vingt quatre. Mes mains sont celles de scientifiques de pays dont je ne peux plus distinguer les frontières.

Notre orbite se rapproche de la limite d'éclairage de la navette, moment où la Terre s'interpose entre les rayons invisibles de la lumière du soleil et le vide qui s'étend au-delà de la planète. Je sais que je vais dormir encore profondément, même si cela sera de brève durée, alors que la Terre et notre soleil continuent leur danse comme ils l'ont toujours fait au cours de l'existence de l'humanité et, sans aucun doute, longtemps avant et qu'ils continueront de le faire longtemps après.

Plus tard le même jour

Je resplendis dans la lumière de la Terre et je me sens remplie de sa mélodie. La force est de nouveau avec moi, alimentant mon esprit et mes muscles.

Dès que le programme révisé est apparu sur les pages du téléscripteur, j'ai commencé à écouter de la musique enregistrée pour essayer de me remonter le moral quelque peu refroidi. Mais même la musique ne réussit pas à me détourner de ma concentration sur la charge utile du laboratoire international de microgravité IML-1. Elle ne réussit pas non plus à me bercer au point de me transporter dans une autre dimension temporelle et un autre lieu loin de l'environnement permanent de travail qui m'entoure. C'était une bonne idée, mais pas une idée géniale. Plus tôt, au cours du vol, j'avais écouté les cassettes pré-enregistrées à partir de mes systèmes de soutien, mais maintenant j'avais besoin de quelque chose en direct. Je voulais les contacter en temps réel, avoir une conversation avec eux, et non juste leur faire passer des mots en rapport avec le travail par l'intermédiaire du système à sens unique Select de la NASA. Au moins j'avais de la musique et une image de Ming l'Impitoyable. Et sans le câble du module de communication et le casque sur la tête, je pouvais avoir mes deux oreilles syntonisées sur les mêmes sons provenant de mon magnétophone à cassettes.

Je décidai de me laisser flotter jusqu'au poste de commande, où mes trois membres d'équipage favoris étaient suspendus devant les hublots. Ce n'est que dans l'espace qu'il semble normal de voir des pieds, des mains, des têtes et des genoux tous au même endroit. Je saisis le dernier échelon de l'échelle afin de pivoter vers le haut à partir du compartiment du milieu. Quelques portées de musique très familières dans les écouteurs de mon magnétophone à cassettes retinrent mon attention alors que j'étais en train de tourner sur moi-même sans effort, avec les pieds en avant vers le haut et au-delà de tous les échelons de l'échelle jusqu'au poste de commande. C'est à ce moment-là que O Canada résonna dans mon magnétophone à cassettes, chanté par une voix de ténor profonde. J'étais en train de m'élancer vers le haut du plafond de la section du milieu. Je réussis, juste à temps, par une roulade corrective, à passer ma tête vers le haut dans le poste de commande avant mes pieds, mais tout au long de cette manœuvre j'ai dû réprimer le nœud d'émotion qui se formait dans ma gorge risquant de m'étouffer. Jamais, la «Terre de nos aïeux» ne m'avait semblée si belle et jamais cette expression n'avait eu une telle signification pour moi. Comme par hasard et selon la volonté des étoiles, quelqu'un interrompit ma rêverie en disant, «Hé, Bobbie, on passe au-dessus du Canada!» Combien de

Terriens ont eu le privilège de voir la terre où ils sont nés et d'entendre simultanément l'hymne qui les unit? Soudainement, ma fatigue disparut dans un coin éloigné de ma mémoire et j'eus du mal à croire à la chance que j'avais à ce moment précis. Je ne perdis pas ma présence d'esprit mais j'expliquai que j'étais en train d'écouter mon hymne national comme excuse pour écarter les corps flottants de mes amis des hublots afin d'avoir une vue sans obstruction du pays.

Le Canada est tellement grand, je pensai, et cependant cette planète est si petite. Les premières rencontres que j'ai eues avec le pays où je suis née depuis l'espace ont eu lieu il y a bien des lunes déjà, mais c'était toujours des visions furtives, interrompues par des appels du centre de contrôle au sol, qui ne duraient jamais plus de deux ou trois minutes chaque fois. La navette spatiale couvre beaucoup de territoire à huit kilomètres à la seconde et toute orbite descendante ou ascendante de *Discovery* constitue littéralement un cours de géographie on ne peut plus nouveau. Je me suis souvenue d'un épisode précédent au cours du vol, lors des préparatifs d'une prise de vue pour le système de projection IMAX au-dessus des îles Belcher. L'équipage ne pouvait pas distinguer les formes tourbillonnantes de la terre des glaces qui l'entouraient. Ils m'ont demandé de les aider, et en récompense, j'ai pu voir des lacs et des rivières du nord que j'avais découvert dans la réalité alors que j'étais étudiante en médecine et que je travaillais à Moose Factory. Cette fois-ci nous étions sur une orbite descendante qui passait au-dessus du nord de la Saskatchewan et du Manitoba, en arc de cercle à partir du nord du lac Winnipeg. Je remarquai qu'il y avait si peu de nuages que je pouvais diriger mon regard vers le sud sans distorsion vers une vaste bande d'un gris plus foncé. Il me vint à l'esprit que le Canada *devrait* être réputé pour sa stéatite. Tout le pays semble avoir été taillé dans un bloc géant de cette pierre, en ces journées d'hiver du mois de janvier.

Je rembobinai la bande magnétique, appuyai sur «marche» et au même moment j'eus mon premier aperçu du lac Supérieur. Il n'y a pas de frontières entre les différentes régions telles que nous pouvons les voir en réalité de loin dans l'espace. Les provinces et les territoires ne sont pas roses, verts, jaunes ou bleus. En balayant du regard les territoires appelés Manitoba, Ontario, et Québec, j'ai été frappée par la similarité du paysage et celle de mes propres impressions. Quand j'arrêtai la bande magnétique, il n'y avait que le silence qui m'entourait. Mais, au fond de moi-même, je réalisai que tout le monde au pays, là en bas, avait son regard tourné vers le ciel. J'eus alors l'impression de voir de nombreuses mains tendues vers le ciel bien au-delà de la limite que les confins de la Terre ne leur permettaient. C'était comme si le bloc massif de pierre taillé avec ses taches blanches et ses nuances de gris était vivant et essayait de m'atteindre, m'encourageant d'aller de l'avant, et c'était vraiment familier, accueillant et réel. Cette lumière terrestre provenant des terres que nous survolions provenait du Canada, et elle m'a touchée jusque dans les profondeurs de mon âme. Elle a chassé l'obscurité créée par la déchirure d'avoir été arrachée de la Terre. Cela m'a rappelé que mon rôle lors de cette mission ne consiste pas seulement à représenter les scientifiques ou les astronautes, mais toutes les choses qui sont possibles au Canada—la vie, l'éducation, l'égalité des chances, la déontologie professionnelle, les valeurs, et l'amour. Je ne dois pas céder à la fatigue. Trop de gens comptent sur moi pour montrer au monde entier notre force, et pour montrer que notre courage va prévaloir.

Je restai donc là, accrochée au cadre du hublot, essayant de mémoriser chaque ligne de blanc et de gris, tout en sirotant ma boisson au pamplemousse. C'est intéressant de ne pas voir de noir sur la planète durant le jour terrestre, alors que la navette est entourée par l'obscurité, seulement saupoudrée par les paillettes de la lumière d'innombrables étoiles. Je n'ai vu que des nuances de gris et de blanc lorsque j'ai promené mon regard sur le vaste territoire du Canada. Je n'ai pas pu éviter de sourire intérieurement au sujet de la vie en gris et en blanc, et en pensant au fait que les Canadiens, tout comme les autres Terriens, s'efforcent de réaliser des politiques en noir et blanc pour guider nos existences.

La beauté du Canada est sans raffinement mais sculptée avec précision par des forces si puissantes que cela dépasse ce que la plupart d'entre nous seront jamais en mesure de comprendre. Notre pays est localisé sur la planète de manière à bénéficier au maximum des effets des changements de saisons, et ainsi nous bénéficions de la variété et du défi climatique. Sur la Terre, cela va de soi qu'il y a quelquefois des vélléités de séparer des groupes historiquement parce que la plupart d'entre nous n'avons pas eu l'occasion de voir au-delà de notre horizon immédiat. Cela met notre avenir en danger. Dans l'espace, je suis philosophe, voyant tout le territoire comme une plaque continue sans le contexte social que les êtres humains imposent à leur environnement physique. C'est un peu comme si nous nous croyions aussi puissants que les forces qui gouvernent la Terre. En faisant cela, nous laissons les valeurs émotionnelles et culturelles nous pousser dans l'isolation, alors qu'en réalité, les forces physiques de la Terre détermineront en définitive quand et où nous allons survivre.

Trop vite, *Discovery* commença à s'éloigner du Canada en passant au-dessus de la côte Est. Les grands glaciers et les zones enneigées de Terre-Neuve délimitaient de façon tranchante le bord du dernier morceau de terre que je reconnus comme faisant partie de ma base d'origine. Les provinces maritimes de la Nouvelle-Écosse, du Nouveau-Brunswick et de l'Île-du-Prince-Édouard semblaient avoir été taillées à même cette plaque grise et blanche avec un outil de sculpteur, donnant ainsi du relief à la vaste mer située vers l'Est. Les fondateurs de notre pays resteraient bouche bée devant le rétrécissement de l'océan Atlantique sous le nez de ce puissant vaisseau. Étonnantes les images que nous pouvons voir d'ici, et surprenant de voir combien sont proches du Canada des pays comme l'Angleterre, la France et le reste de l'Europe. Les voyages épuisants de plusieurs mois entrepris par les premiers immigrants canadiens peuvent être réalisés en moins d'une demi-heure, ici dans l'espace.

Mon observation de la Terre fut interrompue par la voix pas trop martiale de notre commandant de bord qui annonçait l'extinction des feux pour ceux d'entre nous qui devaient prendre la relève au prochain tour de service. Il ne me restait que cinq heures jusqu'à ma journée de travail de dix-huit heures mais je n'arrivai pas à quitter le hublot avec les autres. Je choisis de travailler avec l'ordinateur pour déterminer dans combien de temps aurait lieu le prochain passage au-dessus du Canada—à partir de la côte Ouest, bien entendu. Je n'avais pas vu la côte Ouest, pas encore, et cela pour diverses raisons : soit il faisait nuit, ou je venais d'être installée dans mon dispositif de retenue pour dormir, ou encore plus vraisemblablement j'avais les mains prises dans la boîte à gants de télémanipulation dans le Spacelab. Mais cette fois je ne voulais pas rater l'occasion. J'étais devant le hublot et je savais que si je pouvais rester là sans m'endormir pendant une heure, je serais récompensée par le panorama des Montagnes Rocheuses aux sommets enneigés. Malgré toutes mes précautions, en fin de compte, j'ai été frustrée par les conditions atmosphériques de la Terre. Je n'ai pu voir que des

pics rocheux et enneigés avec quelques éclaircies occasion-
nelles qui m'ont permis d'entrevoir une rivière blanche
qui serpentait. Ainsi ce fut tout ce qui m'accueillit dans
cette région qui devait être sans doute la côte Ouest du
Canada. J'étais toutefois convaincue que la Colombie-
Britannique était sous la navette, que l'Alberta n'était pas
loin derrière et que, malgré tout, j'avais eu la chance de
voir encore un peu plus de territoire du Canada.

Je mets en marche le magnétophone à cassette avant de
retourner dans le Spacelab et je me repose un peu sur le
thème du film *Le retour du Jedi*. Cela va me donner le
temps de réfléchir aux émotions que j'ai eues au cours des
quelques minutes qui viennent de s'écouler. Je peux saisir
la signification d'être dans l'espace et je me sens sourire
intérieurement. Dans mon imagination, j'atterris pour
voir comment les peuples autochtones de la côte Ouest et
ceux des plaines modèlent leur existence et leur art en
utilisant ces forces physiques, pour constater notre
richesse, du fait d'avoir dans notre pays ceux qui saisis-
sent et respectent le pouvoir de la nature. Pour ceux d'entre nous qui sont nés au Canada dans une société créée
par des idées apportées ici d'autres pays, il est trop facile
de présumer un niveau de sophistication qui exclut une
perspective différente. J'ai développé une nouvelle perspective de compréhension pour ma vie sur la planète
Terre. Si seulement chacun pouvait voir qu'il n'y a rien au
monde qui soit aussi exceptionnel que nous. Parmi toutes
les magnifiques étendues de terre et au-delà sur la planète
bleue et verte en rotation, celle qui abrite le peuple du
Canada est la plus riche. Il y a des côtes, des îles, des rivières et des fleuves, des plaines et des lacs—des lacs à n'en
plus finir. C'est vrai, il y a de la neige, mais c'est de la
neige que nous vient l'eau douce qui réapprovisionne les
immenses nappes aquifères de notre pays.

Comme c'est étrange que nous ne voyons pas ce dont nous disposons—d'ici tout semble pourtant si clair. Nous avons au Canada une masse de terre en commun, une histoire commune, et une destinée commune relativement aux forces physiques de la planète. Ces faits seulement pourraient nous souder ensemble si ce n'était de questions qui se sont développées historiquement pour répondre aux besoins de la société contemporaine.

De mon observatoire privilégié loin au-dessus du ciel bleu de la Terre et dans la même lumière du soleil que celle qui est partagée par tous les Canadiens, je suis convaincue que nous sommes une nation courageuse, forte et travailleuse que l'histoire et la masse physique du pays ont rassemblée. Nous partageons les mêmes préoccupations, pour la pureté de l'air, la propreté de l'eau et un bon sol fertile. De la côte Ouest en passant par les prairies, le centre du Canada et jusqu'à la côte Est, il n'y a pas de rupture. Les espaces et les changements d'altitude ne sont que des détails par rapport à la surface totale que couvre le Canada et apparaissent comme minuscules dans le contexte global. Dire que tout cela constitue mon pays.

Je suis impressionnée par ces sentiments, très impressionnée même, au point que j'envisage de les enregistrer. Avant le vol j'aimais être Canadienne, mais maintenant je suis *enchantée* de l'être et fière de partager ma vie avec ceux que j'ai laissés derrière moi sur la terre de mes aïeux. Une seule orbite autour de la Terre a suffi pour me faire passer la fatigue et me remplir d'une vague d'énergie. Je comprends mieux maintenant nos autochtones, leur clairvoyance et leur respect des choses que d'autres membres de notre société parlent de s'approprier. Ce respect de l'environnement est en conflit avec les réalités politique et économique de la société actuelle, au moment ou le Canada évolue vers une nouvelle identité. En nous efforçant de combiner tous nos points forts et notre vision, nous pouvons trouver le courage de devenir une nation plus grande encore, une nation prête stratégiquement à donner l'exemple dans bien des domaines au reste de cette petite planète.

❧

La D^{re} Roberta L. Bondar, O.C., O.Ont.,
astronaute Canadienne, médecin et
scientifique, a été membre de l'équipage
lors du vol de la navette spatiale Discovery
pour la première mission du laboratoire
international sur la microgravité,
du 22 au 30 janvier 1992.

Traduit par Julien Marquis

Un appel
à agir

—◆—

Joe CLARK

J'ÉCRIS cet essai en Afrique du Sud, où je rencontre des gens qui, il y a cinq ans à peine, s'entre-tuaient littéralement. Aujourd'hui, ils sont assis autour de la même table pour élaborer un projet de constitution qui leur permettra de bâtir un avenir en commun. Mais il est prématuré de dire s'ils vont réussir ou non.

Ils sont sur la bonne voie, déjà : ils ont tenu la première élection de leur histoire dans laquelle chaque citoyen pouvait exercer son droit de vote; ils ont formé un gouvernement de coalition pour l'unité nationale, dirigé par un président noir, avec son prédécesseur blanc comme vice-président; et ils se sont mis d'accord sur une constitution provisoire qui est remarquable.

Bien sûr, le Canada et l'Afrique du Sud sont deux communautés profondément différentes.

Toutefois, même si ce n'est qu'en apparence, les Sud-Africains ont à faire face à quelques défis qui ne sont pas étrangers aux Canadiens. Il y a des communautés qui préféreraient se séparer, plutôt que de partager le pays avec les autres. Il y a une forte minorité qui craint que sa culture particulière risque d'être submergée. Il y a tout un débat, au sujet de la question de savoir du pouvoir dont devrait disposer le gouvernement central par rapport au pouvoir des différentes régions. Il y a une base de ressources riche, et l'espoir d'un grand potentiel qui n'attend que de devenir une réalité, mais il y a également de graves disparités économiques entre les différentes régions. Il y a des langues et des cultures et des espérances différentes.

Malgré cela, nos pays respectifs diffèrent nettement, sur deux points au moins.

Tout d'abord, leurs divisions sont profondes, et réelles, renforcées en outre par les souvenirs récents des massacres sanglants, par la peur et la haine. Au contraire, nos différences au Canada ont un caractère éminemment supportable.

Et ensuite, ils se sont assis autour d'une table de façon coopérative pour trouver un nouveau moyen de vivre ensemble, alors que nous Canadiens avons l'air de nous écarter de plus en plus les uns des autres.

L'ironie suprême au Canada consiste dans le fait que notre communauté nationale risque d'éclater et que, cependant, il n'y a pas de véritables divisions.

J'ai eu le privilège de servir plus de vingt ans dans la vie publique canadienne, y compris durant une période d'activité politique intense alors que j'étais directement responsable des négociations constitutionnelles. À cette occasion, j'ai visité toutes les régions de chaque province et de chaque territoire, j'ai parlé avec des milliers de Canadiens et je les ai aussi écoutés.

Au cours de cette expérience, je n'ai pas constaté une seule question à considérer valablement qui ait été insurmontable. Il n'y a pas de divisions fondamentales au Canada. Il n'y a pas de différence irréconciliable, il n'y a pas de «point non-retour.»

Bien entendu, il y a des différences de points de vue—au sujet des pouvoirs qu'il faut accorder au gouvernement central, ou au sujet du rôle que doit jouer la province de Québec pour la sauvegarde de la communauté du Québec, ou au sujet des droits des autochtones, ou de celui du Sénat, ou au sujet de mille autres détails importants.

A mon avis, un grand nombre de ces questions sont urgentes et ne peuvent pas être simplement mises de côté, pour l'instant. Le statu quo n'est pas une solution—ni pour le Québec, ni pour les autochtones, ni pour de nombreux Canadiens de l'Ouest—aussi est-il futile de prétendre que ces pressions vont disparaître d'elles mêmes, ou qu'elles ont été soulevées par des politiciens et que par conséquent elles sont artificielles.

Il s'agit de questions réelles, mais pas de différences irréconciliables, qu'elles soient considérées une par une ou toutes ensemble. Aucune de ces questions n'est fondamentale au point de mener un pays à sa perte—en particulier pas un pays qui, à en juger par les normes objectives externes, sert si bien la cause de ses citoyens. Par ailleurs, la somme de ces différences ne mérite pas non plus que l'on démantèle le pays que l'Organisation des Nations Unies désigne régulièrement comme «le meilleur endroit du monde où vivre», pour s'embarquer dans le pari de s'efforcer de bâtir quelque chose de nouveau sous le coup amer de l'échec.

Pourtant, depuis 1980, les tensions à l'intérieur du Canada se sont aggravées, se sont multipliées, se sont faites plus menaçantes. Nos tentatives de réconciliation de nos différences supportables ont non seulement échoué mais, ce faisant, elles ont exagéré notre sens de la séparation et du conflit.

Pourquoi cela s'est-il produit? Je pense que cela est dû à deux raisons fondamentales.

La première raison, c'est le fait qu'au moins une des parties importantes a toujours voulu que cette discussion soit réglée en fonction des conditions qu'elle imposait, montrant ainsi qu'elle n'était en réalité pas très intéressée à parvenir à une entente. Au début des années quatrevingts, le gouvernement Trudeau n'a pas voulu envisager une solution qui aurait impliqué une augmentation considérable des pouvoirs du Québec ou d'autres provinces. C'est ainsi qu'aujourd'hui, le gouvernement Parizeau n'envisage aucune autre solution que celle de la souveraineté.

La deuxième raison est due au fait que les discussions se sont déroulées en utilisant des termes qui ne signifiaient pas la même chose pour les différents interlocuteurs. Des expressions telles que «statut particulier» ou «société distincte» devinrent des symboles de colère et de division, mais très souvent ces concepts ne furent pas analysés en fonction de leur véritable interprétation. Ces querelles furent tellement nombreuses qu'elles renforcèrent le sentiment de division chez les Canadiens au Québec et chez les Canadiens dans le reste du pays. Systématiquement, nous donnions au même événement une interprétation contraire à celle de l'autre partie.

Par exemple, la réforme constitutionnelle de 1982 avait été endossée en dehors du Québec car elle promettait une charte des droits élaborée pour satisfaire les Canadiens qui étaient persuadés que leur droit à un traitement égal devait être garanti de façon formelle. D'autre part, la proposition de rapatriement était aussi perçue comme le dernier lien colonial à couper avec l'Angleterre. Mais ces questions n'étaient pas celles qui intéressaient le Québec, où cette proposition fut rejetée massivement car elle ne prévoyait rien d'important au sujet des pouvoirs des provinces ni de l'identité du Québec (et, en plus, elle avait été finalisée lors d'un «marché» notoire conclu sans l'accord du premier ministre du Québec).

L'accord du lac Meech avait été perçu au Québec comme une simple garantie minimum du statut du Québec au sein du Canada—un acte d'inclusion. En dehors du Québec, l'accord du lac Meech fut perçu comme un symbole d'exclusion—des réunions secrètes entre «politiciens»; aucun progrès sur les questions relatives aux autochtones, aux femmes, aux territoires du nord, au Sénat; un «marché» conclu entre «initiés».

La «société distincte» était perçue au Québec comme une simple confirmation de la réalité, et en dehors du Québec comme un statut particulier.

Ces perceptions conflictuelles sont importantes, car la division actuelle dans ce pays n'est pas due à des points de vue concurrentiels au sujet du fédéralisme. Elle est due à des mots et des symboles—«refus», «statut particulier», «lac Meech».

Ce qui va être décisif, c'est la réponse que vont donner les Canadiens ordinaires à la question suivante : «Le Canada est-il divisé de façon si fondamentale que nous ne pouvons plus vivre ni croître ensemble?» Examinée avec objectivité, cette proposition est absurde. Dans le monde où nous vivons, il y a des sociétés qui sont fondamentalement divisées, où les gens s'entre-tuent ou réagissent envers leurs voisins avec haine ou avec crainte. Nous ne connaissons aucune de ces situations dans ce pays—aucune haine historique, aucune des craintes ni aucun antagonisme qui déchirent les communautés.

En fait, c'est plutôt le contraire qui est arrivé dans ce pays. En pratique, la plupart des Canadiens n'ont pas eu de véritables contacts les uns avec les autres. Notre perception de nos concitoyens en est une au second degré. Peu nombreux sont les Québécois qui ont fait l'expérience directe avec la vie dans l'Ouest du Canada, ou même en Ontario ou les provinces Maritimes et vice-versa. Ce que nous connaissons vient de ce que nous entendons et, malheureusement, il s'agit souvent de propos irritants ou de contre-vérités. En l'absence d'une expérience réelle, de nombreux Canadiens forment leur impression au sujet de leurs concitoyens en fonction des nouvelles diffusées d'excès spectaculaires, un drapeau foulé aux pieds ou le fait de souhaiter aux habitants des régions de l'Est de geler dans l'obscurité, ou des perceptions furieuses de la «société distincte» ou du «refus» de l'accord du lac Meech.

Les perceptions peuvent être fausses mais la colère, elle, est réelle. Le meilleur moyen de désamorcer la colère consiste à corriger l'impression qui l'a causée. La meilleure façon de procéder est de faire en sorte que, dès maintenant, chaque Canadien s'implique individuellement et activement dans le débat au sujet de la nature et de l'avenir de notre pays.

Le problème fondamental du Canada réside dans le fait que nos citoyens ne comprennent pas leurs points de vue mutuels. Comme dirait Will Rogers, notre problème n'est pas de ne pas savoir certaines choses; c'est que les choses que nous savons ne sont pas justes. La seule véritable solution pour les citoyens individuels consiste à dépasser leurs propres préjudices et à remettre en question ceux des autres.

Le fait d'avoir appelé tous ces débats au sujet du Canada «débats constitutionnels» a sans doute été une erreur. Le mot «constitution» à lui seul bloque les gens, les rend réfractaires. Les constitutions sont l'affaire des avocats et des gouvernements; elles sont le reflet des ententes sur le type de pays que nous sommes.

Ce débat ne porte donc pas sur la constitution. Il porte sur tout un pays—un pays qui nous appartient à tous, et dont l'avenir sera déterminé par nos actes—ou par notre passivité.

En ce moment une des provinces va tenir un référendum, dans lequel les citoyens vont décider si oui ou non ils souhaitent demeurer au sein du Canada. Si nous voulions être légalistes et inconséquents, nous pourrions toujours contester cette façon de procéder en disant que quelle que soit leur décision, elle ne lie pas le reste du Canada, car aucune province n'a le pouvoir de diviser le pays. Opter pour un tel argument serait une pure perte de temps, car cela ne ferait que stimuler la colère des gens qui vont voter sur cette question et cela les inciterait probablement à penser qu'ils ne sont pas les bienvenus au sein du Canada.

La réalité, c'est que si une province canadienne importante, après un long débat, vote en faveur de se séparer du Canada, cela va tout remettre en question. Les avocats pourraient débattre jusqu'à ce que leurs comptes en banque débordent avec les honoraires dérivant de ce débat, le pays se retrouverait néanmoins soit sur le chemin du démantèlement soit sur celui d'un changement spectaculaire.

Ainsi, la question immédiate à se poser, ce n'est pas de savoir si le Québec à le droit de se séparer, mais plutôt: «pourquoi le Québec ressentirait-il le besoin de se séparer du Canada?»

Bien que ce soit là une question à laquelle seuls les Québécois peuvent répondre, c'est une question à laquelle nous avons tous la possibilité d'influencer la réponse.

Nous tous—vous et moi et nos enfants et nos amis— faisons partie de ce Canada qui fait l'objet même de la demande de séparation qui est soumise aux Québécois. Mais les Québécois, que savent-ils de vous, de votre famille ou de votre communauté? Que leur avez-vous dit à ce sujet?

Peut-être laissez-vous à Preston Manning et Jacques Parizeau, à Jean Chrétien et Lucien Bouchard le soin de le leur expliquer à votre place?

Je suis persuadé que la source principale du séparatisme au Québec réside dans le sentiment, parmi les citoyens ordinaires de cette province, qu'ils ne sont pas vraiment les bienvenus dans le reste du Canada. Ils se croient personnellement visés par «le refus» de l'accord du lac Meech, les critiques de la «société distincte». Et, dans bien des cas, ces informations négatives sont ce qui leur parvient du reste du Canada. Ils n'ont pas de liens personnels, ni aucun cadre de référence pour pouvoir évaluer ces impressions sévères.

Ils sont prêts à croire toute mauvaise nouvelle concernant le Canada, car ils n'en ont pas entendu beaucoup de bonnes jusqu'ici. En fait, maintenant qu'un gouvernement séparatiste est au pouvoir au Québec, lorsqu'un commentaire est favorable au Canada, Parizeau s'évertue à en donner une interprétation négative.

Pourquoi ne pas donner aux Québécois de bonnes nouvelles? Pourquoi ne pas leur parler de votre famille, de votre communauté, du paysage qui vous est familier, du pays que vous aimez?

Pourquoi—à ce moment de l'année où les Québécois s'apprêtent à décider si oui ou non ils vont se séparer de notre pays—ne pas tendre la main aux citoyens du Québec, comme vous le feriez pour un voisin qui vient d'emménager dans votre rue?

Il y a, parmi mes critiques, ceux qui affirment que c'est un peu simpliste de ma part de croire que des gestes personnels de cette nature peuvent faire la moindre différence. Je sais par expérience que cela peut être efficace. Je suis témoin de leur efficacité; à chaque fois cela à donné des résultats.

Le problème consiste à encourager plus de gens à faire de tels gestes.

Le moyen le plus facile c'est de visiter le Québec. Nous ne savons pas à quelle date le référendum se tiendra. Il pourrait être retardé jusqu'à l'automne, ce qui donnerait l'occasion aux Canadiens de décider de passer leurs vacances d'été au Québec, de poser des questions au sujet de la langue et de la culture dans cette province et de parler aussi du Canada.

Et si le référendum est tenu plus tôt, ou si vous ne pouvez pas vous rendre au Québec, trouvez d'autres moyens d'atteindre les Canadiens qui vont voter sur l'avenir de notre pays. Mettez-vous en rapport avec le Conseil pour l'unité du Canada. Unissez-vous avec des amis pour acheter des emplacements publicitaires ou participez à des campagnes pour écrire des lettres ou tout simplement prenez l'habitude de dire du bien de ce pays extraordinaire.

Ce n'est pas exagéré de parler du Canada en ces termes-là. Nous sommes véritablement un pays extraordinaire.

Lorsqu'il s'agit pour les Canadiens de traiter avec différentes langues, différentes cultures et différents types d'espérance—nous réussissons à le faire avec succès. Le respect mutuel dont nous nous vantons existe dans la réalité, dans la plupart des circonstances où des Canadiens différents les uns des autres se retrouvent ensemble. Ce sont là des faits. Malheureusement la perception en est toute autre.

Paradoxalement, nous sommes justement desservis par ce qui fait notre richesse. Le Canada est formé par une société riche et fortunée, nous prenons pour acquis nos avantages, en présumant que nous serons capables d'absorber n'importe quel choc, faisant fi des qualités de faiseurs de compromis et de conciliateurs que le monde extérieur considère comme étant nos traits distinctifs. Ceci a pour résultat que notre population n'a qu'une expérience limitée, au niveau des individus, du peu de difficulté nécessaire à travailler ensemble et de la nécessité de ce faire, et donc un sens exagéré de ce qui nous divise.

C'est une combinaison dangereuse de facteurs, susceptible de créer une situation plus volatile. À l'intérieur du Québec, M. Parizeau et ses collègues vont certainement s'efforcer d'insister sur l'impression que le Québec n'est pas le bienvenu dans le reste du pays et qu'il est tenu à l'étroit dans la famille canadienne, et que par conséquent chacun serait plus heureux si nous étions séparés.

L'atmosphère en dehors du Québec a été d'un calme remarquable, je dirai même sereine. Les indépendantistes qui s'attendaient à une réaction excessive spectaculaire sont restés sur leur faim. Jusqu'ici, tout au moins. Au fur et à mesure que le ton va monter au Québec, la tentation va être forte pour les leaders politiques, pour les hommes et les femmes d'affaires, pour les «analystes», ou pour les citoyens qui vont répondre à des sondages d'opinion omniprésents, d'adopter des positions dures. Cela risquerait non seulement de porter préjudice à la cause fédéraliste dans un référendum mais également de buter l'attitude des Québécois, ce qui limiterait les possibilités de conciliation après le référendum, en particulier si l'indépendance du Québec était rejetée.

Actuellement, ce qui est plus inquiétant encore que les prises de position rigides, c'est l'attitude cavalière qu'adoptent de nombreux Canadiens au sujet de la division du pays. Il mettent cela sur le même pied d'égalité qu'une attaque sur le dollar, ou qu'une tornade, ou qu'une inondation—un mauvais moment à passer mais temporaire.

Cela présume que les Canadiens, avec leur pragmatisme habituel, arrangeraient un divorce rapide et à l'amiable; que les frontières d'un Québec qui se séparerait ne seraient pas contestées; et que les marchés internationaux donneraient au Canada le temps de régler notre problème mineur.

Ma longue expérience me dit que s'il devait y avoir des négociations au sujet du partage de la dette nationale ou des frontières, celles-ci seraient longues, âpres et débilitantes. En outre, personne ne peut prévoir la réaction des marchés monétaires. Les derniers événements au Mexique ont prouvé les risques qui existent dans une économie de marché internationale dans laquelle un seul choc peut déclencher une crise. Il serait donc de bon ton pour les Canadiens à l'attitude si cavalière qu'ils considèrent ce que le choc d'un vote qui diviserait le Canada pourrait entraîner pour les plans d'investissements en Alberta ou en Ontario, ou à la cote de crédit de la Saskatchewan ou du Manitoba, ou celle des provinces Maritimes.

Les enjeux sont plus importants maintenant qu'ils ne l'étaient en 1980.

Il y a quinze ans, dans le reste du Canada il y avait une attitude bienveillante à l'égard des événements au

Québec et la même attitude bienveillante dans le monde à l'égard de l'unité du Canada. Nous ne pouvons prendre pour acquis ni l'un ni l'autre à l'heure actuelle.

Il est plus communément observé qu'une ligne beaucoup plus dure s'est développée dans le reste du pays. Il est triste de constater que la connaissance du Québec et de son dossier n'ont pas progressé. En revanche, la frustration et l'impatience ont augmenté, elles. C'est là le résultat direct, dû en partie du moins, à l'obstination des leaders du Québec à se tourner vers l'intérieur ainsi qu'à la faillite de divers gouvernements nationaux et à la «sagesse traditionnelle» de placer la question du Québec dans le contexte d'un mécontentement des Canadiens plus répandu avec le statu quo constitutionnel.

Le «statu quo» est une notion intéressante au Canada. En fait, dans une période comme celle-ci de changement et de transformation, jamais on ne constate qu'il y a statu quo. Le changement est toujours là, mais souvent il se manifeste par paliers, marginalement, ce qui est acceptable pour les Canadiens qui tirent avantage de cette situation ou qui s'accommodent en général de l'état des choses actuel.

Durant les derniers trente ans, des communautés spécifiques canadiennes importantes en sont venues à croire que leurs intérêts souffrent de «l'état des choses actuel» et elles ne veulent pas accepter de simples changements par paliers. C'est le cas notamment parmi les nombreux Canadiens de l'Ouest qui sont persuadés que le cadre des institutions traditionnelles du Canada les exclut. C'est, sans aucun doute, le cas au sujet des Autochtones canadiens, qui sont persuadés à la fois qu'ils sont maltraités par le système actuel, et que leurs droits fondamentaux ne sont pas respectés. D'ailleurs, au Québec—parmi les séparatistes, les nationalistes et la plupart des fédéralistes—on constate qu'ils sont convaincus que leur sécurité en tant que communauté dépend de la province où les francophones constituent une majorité possédant plus d'autorité sur leur destinée.

Dans une atmosphère qui est caractérisée par des tensions qui montent mais sans débat réel, il ne serait pas étonnant que plus de Québécois en viennent à croire qu'ils ne sont pas très bien acceptés au Canada, et que les citoyens de l'Alberta, ou ceux de la Colombie-Britannique, ou ceux de l'Ontario en viennent, de leur côté, à penser que le Québec ne sera jamais satisfait au sein du Canada. Ces impressions auraient sans doute plus fort de conviction chez les Canadiens qui ont eu peu de contacts les uns avec les autres. Mais c'est là l'expérience commune dans ce pays aux distances immenses. Lucien Bouchard n'a jamais été aussi représentatif des Canadiens que lorsqu'il a admis qu'il ne connaissait pas très bien «le reste» de ce pays. La plupart des premiers ministres des provinces et territoires, des chefs de file du monde des affaires, de nombreux commentateurs politiques, la plupart des législateurs partout au Canada pourraient affirmer la même chose. La question est de savoir si nous voulons vraiment passer outre la perception des facteurs qui nous divisent pour voir si nous sommes réellement en désaccord.

Par expérience, j'ai tendance à penser qu'au Canada il y a de nombreux sujets sur lesquels un consensus existe, entre autres, le type de nouvelle fédération dont nous avons besoin.

Dans une certaine mesure, ce consensus potentiel existe déjà depuis quelque temps mais il a été placé au second plan en raison des querelles au sujet des conditions de sa mise en œuvre et en raison des avis d'experts traditionnels puissants en dehors du Québec, qui soutenaient que toute diminution des pouvoirs du gouvernement central pourrait mettre en danger «le concept même du Canada». Mais ce consensus potentiel est également influencé par deux nouvelles réalités: les pressions fiscales, qui rendent impossible le maintien du degré de duplication et de dirigisme qui était devenu la norme au Canada; et une nouvelle exigence insistant pour que plus de décisions puissent être prises localement.

Cela affecte directement le débat au sujet de la distribution des pouvoirs dans la fédération Canadienne moderne—et c'est là le débat primordial pour le Québec. Je crois fermement que, si nous pouvions passer outre la bataille des mots et outre la caricature, nous pourrions parvenir à une entente à laquelle adhérerait une large part de la population du pays—les leaders comme les citoyens—et qui porterait sur la décision d'accorder plus de pouvoir aux gouvernements provinciaux.

Cela impliquerait des conditions importantes. Par exemple, si Ottawa devait se retirer de programmes et de services importants qu'il fournit présentement, il faudrait que les provinces les mieux nanties acceptent que le Canada maintienne un niveau normal de services pour de tels programmes dans celles moins fortunées. Cela nécessiterait sans aucun doute des aménagements particuliers—qui seraient similaires au «statut particulier» que nous accordons actuellement à l'éducation à Terre-Neuve, et aux droits linguistiques au Nouveau-Brunswick, ou au sujet du Régime des Rentes du Québec, ou à la garantie de sièges parlementaires pour les provinces et territoires les moins étendus—et qui tiendraient compte de circonstances particulières qui existent dans certaines provinces et non dans d'autres. De façon plus fondamentale encore, le gouvernement central aurait besoin du pouvoir de fonctionner efficacement dans un monde moderne concurrentiel et en plein changement. Bien entendu, cela engendrerait un débat intense sur toutes ces questions, mais si un tel débat se déroulait de façon objective, je suis convaincu qu'il y aurait un soutien national très large pour une nation qui serait nettement moins centralisée.

En guise de réponse, il est légitime pour les souverainistes de répliquer: «Si c'est effectivement le cas, pourquoi jusqu'ici n'y a-t-il rien qui a été fait à ce sujet?» Cette question nécessite deux éléments de réponse.

D'abord, disons tout de suite que quelque chose a déjà été fait à ce sujet. Par définition, un système fédéral est souple. Sans aucun doute, de nombreux Québécois croient que le statu quo est trop restrictif pour la société qu'est devenu le Québec moderne, mais c'est aussi un fait reconnu que le fédéralisme à accordé au Québec une très grande marge de manœuvre—le Régime de rentes du Québec, son propre système de prêts aux étudiants, ses propres écoles, sa propre conception des allocations familiales; le pouvoir de percevoir ses propres impôts, celui de choisir ses propres immigrants, celui de mettre sur pied les Caisses de Dépôt, celui d'établir Hydro-Québec, Radio-Québec, et celui d'avoir ses propres représentants dans des capitales à l'étranger. Ce qui est plus important encore que ces réalisations passées, c'est le fait que depuis les quinze dernières années, lors de discussions constitutionnelles, les gouvernements, les partis politiques et les commentateurs en dehors du Québec se sont, pour leurs propres raisons, rapprochés de la vision du Québec d'un Canada moins centralisé. Des provinces comme l'Alberta et la Colombie-Britannique—auxquelles quelquefois on attribue une position «anti-Québec»—ont fait régulièrement des propositions constitutionnelles qui augmenteraient le pouvoir relatif du Québec. L'entente de Charlottetown reflétait une volonté nettement plus large de se diriger dans cette direction. Le premier ministre de la Colombie-Britannique, M. Harcourt a, au cours des derniers mois, réitéré certaines de ces propositions.

Le deuxième élément de réponse aux souverainistes sceptiques réside justement dans le large changement d'attitude dans l'opinion publique créé par les réalités fiscales et le désir d'avoir le contrôle localement.

Parizeau à limité son processus a des «consultations sur l'avenir du Québec». Mais cette question ne peut pas être traitée honnêtement sans un examen des attitudes dans le reste du Canada. Trois questions fondamentales ont été exclues de l'exercice de M. Parizeau.

En premier lieu, la tension entre le Québec et les autres Canadiens n'est pas fondée sur des désaccords de fond et, en fait, celle-ci cache une vaste gamme de points de vue et de valeurs communs.

Deuxièmement, le fédéralisme est suffisamment souple pour accorder au Québec plus de marge de manœuvre dès maintenant, et il y a un consensus clair et croissant dans les autres provinces pour une décentralisation des pouvoirs.

Troisièmement, les réalités fiscales obligent les gouvernements à redéfinir le fédéralisme et le désir croissant pour un contrôle au niveau des communautés rend cette tendance irrésistible.

Le gouvernement de M. Chrétien s'engagera-t-il dans cette voie? Ils ont à faire face aussi aux réalités fiscales, quelles que soient leurs préférences constitutionnelles. D'autant plus que l'influence prolongée de l'ère Trudeau peut avoir maintenant moins d'attrait pour ceux qui se désignent eux-mêmes comme des pragmatistes qui forment maintenant un gouvernement majoritaire et qui s'efforcent de piloter une nation en pleine transformation.

En outre, dans tous les cas, les gouvernements modernes tiennent compte de l'opinion publique et l'attitude du public à l'égard de l'autorité centralisée à changé aussi.

Dans les prochains mois, il est important que nous ne nous concentrions pas seulement sur la victoire au référendum, car la question posée pourrait être ambiguë ou le résultat trop serré, ce qui signifierait qu'un nouveau débat serait engagé sur la question pour le Québec de rester ou de se séparer. Nous ne devrions pas nous contenter de faire porter nos efforts uniquement sur le Québec.

Au fur et à mesure de ma réflexion sur nos échecs de réforme de la constitution, je suis de plus en plus persuadé qu'une erreur primordiale a été commise en voulant qualifier le débat comme un débat sur le Québec. Le débat est à propos du Canada—un Canada qui a changé, dans lequel le Québec se sentira à l'aise et chez lui, ainsi que les autres Canadiens dont les intérêts légitimes ne sont pas très bien pris en considération à l'heure actuelle.

Bien entendu, aider les Québécois à se sentir chez eux dans ce grand pays va jouer un grand rôle dans ce défi— peut-être même un rôle primordial.

Mais ce qui doit changer est l'attitude qui consiste à dire que la «question du Québec» est la seule «véritable question» et que toutes les autres ne sont plus ou moins que des questions connexes. Quoi qu'on en dise, jusqu'ici c'était là l'attitude officielle d'Ottawa et de la plupart des soi-disant commentateurs nationaux, autant qu'il m'en souvienne.

Parmi les quatre Canadiens depuis 1968 qui ont occupé le poste de premier ministre après une victoire aux élections nationales, je suis le seul qui ne soit pas originaire du Québec. Cette province m'est sympathique—certains diront même trop sympathique—mais ma vision du Canada s'est développée ailleurs.

J'ai rencontré des Indiens Stoney avant que je ne rencontre un Québécois et j'ai été plongé dans le sentiment d'aliénation des prairies avant même que je n'aie entendu parler de la «Révolution tranquille». La grande majorité des Canadiens dans les communautés où je suis devenu adulte parlaient anglais et, si ce n'était pas le cas, il y en avait plus qui parlaient l'allemand ou le chinois que le français. Ainsi, inévitablement, ma vision du Canada s'est développée avec des yeux d'Albertain et c'est avec un regard de Canadien que je développai ma vision du Québec. Il n'est pas du tout surprenant que des premiers ministres, et leurs conseillers, qui furent élevés au cœur des «deux solitudes» de Hugh MacLennan aient vu le Canada avec les yeux du Québec.

Il a été naturel de considérer «la question du Québec» comme la question principale à laquelle le Canada avait à faire face. Aucune autre province n'envisage la séparation. Nulle part ailleurs un certain Pierre Laporte n'a été enlevé et assassiné. Nulle part ailleurs les différences n'apparaissent plus clairement.

Mais la réalité en ce qui concerne le Canada c'est que le pays à changé profondément au niveau de plusieurs de nos communautés. En soi il n'y a là aucun danger inhérent. Dans le monde moderne c'est inévitable.

Ce qui frappe le visiteur ici en Afrique du Sud, c'est le consensus qui semble unir des parties qui, récemment encore étaient prêtes à se sauter à la gorge mutuellement. Ce qui est frappant au Canada, c'est le consensus fondamental qui a toujours été présent, mais rarement mobilisé. Notre défi est le plus facile des deux, si nous avons la volonté de nous mobiliser pour y faire face.

Mais cela c'est votre affaire à tous.

❧

Joe Clark a été membre de la Chambre des Communes pendant vingt-et-un ans, il a servi le pays en qualité de Premier Ministre, de Secrétaire d'État aux Affaires Extérieures et de Ministre responsable des Affaires constitutionnelles.

Traduit par Julien Marquis

　Pour l'amour de ce pays

Deux personnages à la recherche d'un auteur

Laurier L. LaPierre,
O.C.

NOUS sommes en 1756! Spugliguel, l'ange gardien du printemps, a permis à Ambriel, un des princes de l'Ordre des trônes, d'accueillir le mois de mai.

Je me tiens sur la rive nord-est du fleuve Saint-Laurent, au confluent de la rivière Saguenay, dans le pays du Canada, où demeure mon peuple. Je regarde les baleines batifoler et je me demande comment je vais pouvoir me rendre à Tadoussac, qui est situé à quelque soixante-dix ligues en aval de la ville de Québec. Tout à coup, un Autochtone apparaît en canot et me dit en français : «Mon nom est Mascou, venez avec moi!» Alors j'embarque.

Mascou a à peu près vingt-cinq ans, mesure six pieds cinq pouces et pèse environ cent soixante-quinze livres. Sa peau est d'une belle teinte cuivrée, ses cheveux noirs sont longs et attachés en queue de cheval, son nez est plus fin et ses lèvres plus minces que les Autochtones que j'ai l'habitude de voir, et ses yeux sont aussi noirs que le fond de l'océan. Il porte une veste de cuir qui cache à peine son torse musclé, des pantalons de cuir serré et des mocassins mais, heureusement, pas de plumes.

Il me montre comment pagayer et nous traversons ensemble la vaste rivière Saguenay pour arriver à Tadoussac. Il me confie alors qu'il n'appartient à aucune tribu ou nation particulière mais plutôt à toutes les tribus et nations.

Tout comme moi, il voyage tout seul dans le temps.

En fait, un Mascou a toujours fait partie de l'histoire humaine de ce pays que nous appelons l'Amérique. Le bloc de mémoire qui appartient au Mascou que je viens de rencontrer me raconte que : «Lorsque la glace recouvrait la terre, le peuple de Mascou est descendu en empruntant le corridor situé entre les deux nappes glaciaires qui s'étendaient sur presque tout le continent que nous habitons présentement. Ils suivaient les grosses bêtes qui assuraient leur subsistance. Leur voyage a duré à peu près un millier de vos années pour arriver aux grandes plaines du sud. En chemin, certains membres décidèrent de bifurquer vers l'est et l'ouest, formant leurs propres clans et tribus et nations, et adoptant leurs propres langage, coutumes et rituels religieux. Ceux qui continuèrent vers le sud fondèrent eux aussi des nations et se rendirent finalement jusqu'à l'extrémité la plus au sud du continent. Le voyage fut très long!»

«Qu'est-il arrivé à tous les Mascous?», ai-je demandé au bloc de mémoire.

«Les premiers Mascous descendirent complètement au sud et ceux qui les suivirent remontèrent vers le nord, bifurquant vers l'est et vers l'ouest.»

«Pourquoi ne se sont-ils pas établis dans un endroit particulier comme les autres?»

«Les Mascous sont des vagabonds et des voyageurs. Ils s'arrêtent pendant quelque temps pour se reposer et fonder une famille, puis ils repartent seuls. Le fils aîné s'appelle toujours Mascou et hérite de la mission.»

«Vous voulez dire la quête», me dis-je à moi-même plutôt qu'à la Mémoire. Mascou dort et rêve pendant ce temps.

Dans ses rêves, il me raconte ce qu'il (et tous les autres Mascous) a fait pendant le dernier millénaire. Il a été partout. Il a sculpté des mâts totémiques avec le peuple haïda dans le royaume du Pacifique, construit un inukshuk—tas de pierres arrangé «comme un homme» pour faire savoir à tous qu'il était passé par là avec ses compagnons Inuit—, célébré des potlatches avec les rois tsimshian sur la rivière Skeena, fait l'amour sur le rivage du plus beau bras de mer au monde avec une belle jeune Squamish, puis s'est reposé. Plus tard, lors du recul des glaces, il s'est déplacé de l'ouest à l'est pour chasser, pêcher et faire du toboggan, de la raquette et du canotage. Il s'est fait une belle vie, traitant avec de bons associés et évitant les rivalités et les guerres.

Ensemble, Mascou et moi-même revivons l'arrivée de Christophe Colomb sur le continent. Mais nous ne raffolons pas de cette expérience. Et les mauvais souvenirs ne sont pas finis car il y avait un Mascou sur place lorsque Hernando Cortes détruisit l'empire aztèque de Montezuma en 1520, avec des actes de violence encore inégalés dans notre coin du monde.

Dans ses rêves, Mascou se souvient du comportement des Vikings à l'Anse aux Meadows, à Terre-Neuve, où Freydis Eriksdottir, la fille bâtarde de Leif Erikson, tua avec une hache des femmes qui étaient venues avec elle du Groenland. Plus d'un demi-millénaire plus tard, un Mascou se tenant sur le rivage de la péninsule de Gaspé a vu le chef mohawk Donnacona emmener l'explorateur français Jacques Cartier dans son propre Kanata Kon. Mascou était aussi présent lors de la fondation de Port-Royal en 1605 et devint membre de l'Ordre de Bon Temps de Samuel de Champlain. Il n'est pas sûr mais il croit avoir fait partie du Théâtre de Neptune de Marc Lescarbot en 1606. En date du 14 mai 1607, il avait descendu vers le sud jusqu'à une péninsule marécageuse de la Virginie pour assister à l'occupation du continent par une compagnie de Londres, au nom de James I.

Puis il revint vers le nord pour aider Samuel de Champlain à bâtir son habitation à la «pointe de Québec». Il suivait toujours Champlain et rappelait souvent au «fondateur» du Canada les dangers possibles si les Iroquois devenaient les ennemis des Français. Champlain ne l'écouta pas et un siècle de batailles terribles en découla. Pendant ce temps, Mascou descendit le Mississippi en 1682 jusqu'à son embouchure, à l'endroit où Robert Cavelier, Sieur de La Salle, nomma toutes les terres qu'il pouvait voir «Louisiane». Mascou se reposa dans ce lieu pendant un bout de temps et fonda une famille. Il put ainsi devenir membre du groupe qui accueillit le Canadien Jean-Baptiste Le Moyne, Sieur de Bienville, lors de la fondation de la Nouvelle-Orléans en 1718.

Quelques années plus tard, en 1731, un Mascou voyageant dans les terres de l'ouest des Cris et des Assiniboins, rencontra le grand explorateur canadien Pierre Gaultier de Varennes et de La Vérendrye. Au début des années 1750, Mascou était devenu un vieil homme et il retourna à Québec avec son fils (mon Mascou), en provenance de l'ouest. Les deux Mascous arrivèrent sur la rive nord du fleuve Saint-Laurent, à quelques milles en aval de Québec. Le père mourut à cet endroit et «c'est maintenant ma mission», déclare Mascou en se rapprochant du rivage de St-Joachim.

«Quand allez-vous vous y mettre?»

«Plus tard. Rien ne presse. Le Canada existera encore.» Il regarde autour de lui et me dit en débarquant : «Ma maîtresse est là-bas, en train de parler au petit homme dans le costume bleu.» Et le voilà parti!

Je l'ai souvent aperçue. Elle s'appelle Éloïse de Melançon. Elle est née dans la ville de Québec en 1709 et est la fille aînée de Pierre Pommereau de Pidou et Jeanne-Catherine de Chavigny. Le 24 juin 1725, elle épousa Charles de Melançon, un Canadien et un officier des Troupes Franches de la Marine ainsi qu'un seigneur d'une grande seigneurie (La Terre du Nord) qui s'étend sur presque toute la rive nord du fleuve Saint-Laurent. Il a quatre ans de plus qu'elle.

Depuis l'arrivée du premier seigneur en 1636, un Melançon a toujours vécu sur la seigneurie pour conquérir la forêt, déboiser les terres, cultiver le sol, s'occuper de la collectivité (2 338 personnes, y compris deux cents «Indiens»), supporter les Français et apaiser le Dieu adoré par tous les pionniers. Un recensement récent de la seigneurie dénombre 250 ménages, 36 750 arpents cultivés, 225 chevaux, 375 boeufs de trait, 290 vaches, 697 veaux et 1 000 moutons.

Au moment de cette histoire, seulement trois des sept enfants d'Éloïse sont encore vivants : Philippe, un fils qui ne parle plus à la famille depuis plus de dix ans et qui demeure à Boston; Élisabeth, une belle jeune femme enjouée de vingt-deux ans; et Charles, un garçon de dix-huit ans qui veut devenir prêtre.

Une voyageuse née, Éloïse a beaucoup en commun avec Mascou et visite souvent la France et les colonies anglaises au sud. Son mari et elle-même correspondent avec les gens les plus intelligents d'Europe et d'Amérique, et la bibliothèque dans leur manoir est supérieure même à celle des Jésuites.

Je m'aproche d'elle pendant qu'elle continue de parler et de charmer le petit homme corpulent habillé en bleu. Elle me semble bien mystérieuse. Elle est grande et belle, avec des yeux bruns foncés qui dissimulent bien sa passion. Elle semble pleine d'autorité et pourrait en remontrer à ceux qui croient qu'elle n'est qu'une simple ménagère. J'ai entendu dire que sa vengeance est féroce mais qu'elle est aussi très généreuse. Elle porte toujours ses cheveux empilés sur le dessus de sa tête et s'habille avec goût. Et elle s'inquiète constamment du sort du Canada, un pays qu'elle adore.

Lorsque je la rejoins, elle aide le petit homme à embarquer dans une calèche à deux roues et lui fait ses adieux. Un coureur le précédera et s'assurera que le chemin est libre, en plus d'avertir le curé du Château Richer qu'il aura un invité pour souper.

Elle se tourne et me salue. Je secoue ma tête avec admiration.

«C'était le Marquis Louis-Joseph de Montcalm, seigneur de Saint-Véran, Candiac, Tournemire, Vestric, Saint-Julien et Arpajon, Baron de Gabriac et Lieutenant général. Sa bonne majesté Louis XV nous l'a envoyé pour qu'il nous délivre des Anglais et des pionniers américains qui nous harcèlent.» Elle me regarde et ajoute : «Il voulait réquisitionner une calèche pour l'amener à Québec car il veut commencer sa mission le plus tôt possible. Je lui ai prêté la mienne.» Elle me sourit chaleureusement et déclare avec sarcasme: «Les Français sont très fatigants. Ils nous parlent comme si nous, les Canadiens, étions leurs paysans!»

En remontant la colline pour aller vaquer à ses occupations, elle me dit plutôt que ne me demande : «Vous venez de loin?»

«Presque deux cent cinquante ans.»

Elle s'arrête et se tourne vers moi en disant : «Alors vous savez ce qui nous arrivera.»

J'ai l'impression qu'elle le sait aussi.

«Ne me le dites pas. Laissez-*moi* vous le dire.»

Elle s'assoit sur un chariot et nous buvons un peu d'eau que quelqu'un nous apporte.

«Nous vivons au Canada depuis près de cent cinquante ans. Pendant ce temps, nous avons connu seulement quarante-deux ans de paix. La guerre qui vient de commencer et qui nous a amené le Marquis de sa belle Provence lointaine est la troisième guerre de ce siècle. Mes enfants ont passé toute leur vie à attendre qu'une guerre se termine et qu'une autre commence.» Elle bouge un peu et dépose sa tasse avant d'ajouter : «Mais nous avons survécu à toutes les guerres et nous y survivrons maintes et maintes fois. Mon époux, que vous rencontrerez probablement…» Elle s'arrête et me regarde attentivement. Dans mes yeux, elle voit que je ne rencontrerai jamais Charles de Melançon. Elle est remplie de tristesse mais se remet rapidement. Elle continue : «Nous avons survécu aux Iroquois. Les Anglais sont toujours repartis les mains vides et nous avons réussi à isoler les pionniers américains dans leur petite bande de terre près de l'océan Atlantique, les empêchant de conquérir l'ouest. Mon époux, qui s'est pour ainsi dire rendu à cet autre océan, après avoir traversé trois chaînes de montagnes, me dit que ce territoire est riche et d'une grande beauté. Je le crois et je sais qu'un jour nous pourrons nous en déclarer propriétaires.»

Elle respire profondément et semble un peu désorientée. Elle ferme les yeux et déclare : «Les Français perdront peut-être la guerre qui vient de commencer, je n'en sais rien. Mais cela importe peu. D'autres personnes essaieront de nous vaincre et nos propres gens nous trahiront. Mais nous finirons par gagner!»

Elle se lève de ce qui est devenu son trône. Elle regarde autour d'elle et dit doucement : «Le Canada sera toujours notre héritage et celui de nos enfants.»

Elle me donne sa main et je la baise respectueusement. Elle commence à s'éloigner mais, sentant que quelque chose me préoccupe, se retourne pour me toucher le bras. «Le Canada survivra. Prenez soin de vous.»

Elle me touche le bras encore une fois et va rejoindre Mascou, qui l'attend sur le bord du fleuve Saint-Laurent.

Mascou continuera son voyage vers l'ouest, découvrira le chemin de fer, confrontera Louis Riel, marchera avec Gabriel Dumont et engendrera un autre Mascou.

Éloïse de Melançon mourra sur les Plaines d'Abraham en protégeant l'armée française contre les Anglais pendant la déroute honteuse des Français du champ de bataille.

Et moi, je reviens à la deuxième moitié de la dernière

décennie du XXe siècle, certain que *mon Canada n'est pas prêt de tomber!*

———

Laurier LaPierre essaie d'être un écrivain qui aime vivre au Canada.

Traduit par Francine Poirier

La libération du Québec?

❧

Stompin'
Tom CONNORS

QUOI? Un autre référendum sur la séparation du Québec? Mais je pensais qu'on avait réglé la question au dernier référendum il y a quinze ans!

J'ai l'impression que M. Parizeau et ses amis séparatistes ont décidé de jouer à la roulette russe avec les gens du Québec et de tourner le barillet autant de fois qu'il le faudra pour que parte enfin la balle fatale. S'il ne gagne pas le référendum cette fois-ci, il en organisera tout simplement un autre et puis encore un autre. La loi des moyennes dit qu'il doit finir par l'emporter.

Je suis sûr qu'il connaît la réflexion attribuée à Abraham Lincoln : «On peut tromper tout le monde une partie du temps et une partie du monde tout le temps mais on ne peut pas tromper tout le monde tout le temps.» Comme il vient d'être élu, il se dit sans doute qu'il doit tenir un autre référendum pendant qu'il est en position de «tromper tout le monde une partie du temps». Peut-être que cette fois-ci, la balle fatale finira par détruire le seul pays démocratique au monde qui autorise, pour commencer, la tenue d'un tel référendum.

S'il réussit, lui et ses copains pourront bien sûr mettre en place leur propre type de démocratie dans un Québec souverain. Et il y a tout à parier que personne dans ce nouveau pays que sera le Québec n'aura jamais le droit de même prononcer le mot de séparation, encore moins de tenir un référendum pour tenter de passer à l'action.

M. Parizeau a déclaré qu'il ne voulait pas changer le système canadien, il voulait en sortir. Alors qu'est-ce qu'il attend? Pourquoi est-ce qu'il ne déménage pas, lui et ses amis séparatistes dans un autre pays comme l'ancienne Yougoslavie, par exemple, où tout le monde croit au séparatisme?

Je crois que les séparatistes du Québec ne sont pas si

bêtes. Ils veulent retourner le meilleur système démocratique du monde contre lui-même en promettant aux électeurs du Québec qu'ils ont tout à gagner à quitter le Canada et à former leur propre gouvernement fédéral. Et je me demande à quoi ressemblera ce gouvernement et qui sera à sa tête. Il sera dirigé par tous les Grands Libérateurs du Québec, bien sûr—tous les nouveaux soi-disant héros qui auront libéré les pauvres Québécois humiliés du joug du système canadien. Il sera dirigé par des gens qui, une fois ôté leur masque séparatiste, se montreront tels qu'ils sont en réalité—des souverainistes dans toute leur gloire couronnée.

J'ai l'impression que le but ultime des séparatistes est de devenir une élite aristocratique dans leur propre petit pays de Québec où, loin d'Ottawa et du reste du Canada, ils ne seront plus responsables que devant eux-mêmes.

Et pourquoi ai-je cette impression? Parce que les seules personnes qui risquent de tirer profit de la séparation du Québec sont les séparatistes eux-mêmes et, peut-être, à un degré bien moindre, les gens qui ont sauté de la poêle dans le feu pour les soutenir. La grande majorité des Québécois le regretteront toute leur vie. Une fois séparés du Canada, ils ne pourront jamais revenir. Quand ils se réveilleront et comprendront le mal qu'ils se sont fait à eux-mêmes, ce même mécanisme démocratique qui leur avait permis de se séparer aura été aboli depuis longtemps. Et même si le reste des Canadiens compatissent alors à leur peine, ils seront impuissants à les aider. Car l'oligarchie aristocratique régnante, c'est-à-dire les anciens séparatistes, auront veillé au grain. Et bien sûr, leurs forces armées seront en place, prêtes à mater quiconque aurait l'audace de se révolter.

Si vous pensez que je vais trop loin, réfléchissez à ce qui suit. Dans une véritable démocratie, le pouvoir est entre les mains du peuple. Les gens ont droit à une presse libre qui est dans l'obligation de les tenir sérieusement au courant des options à leur disposition et ne doit en aucune façon être manipulée par les gens au pouvoir. Ceci permet à chaque personne de voter pour ou contre les propositions qui lui sont faites parce qu'elle a pu juger de l'option qui était la plus avantageuse pour elle. Une personne qui n'est pas bien informée peut souvent être persuadée de voter contre ses propres intérêts. Tout parti qui cherche à venir au pouvoir ou à passer une loi avec l'aide d'un électorat non informé ou malavisé n'a que mépris pour le processus démocratique. Et on ne peut guère s'attendre à ce que ceux qui ne respectent pas ce processus le perpétuent.

Nos expériences récentes avec le libre échange, la TPS, le lac Meech et Charlottetown sont là pour nous rappeler ce qui peut arriver à une personne ou un parti qui, en l'absence d'informations adéquates, essaie de vendre une marchandise aux gens. Qu'est-il advenu de ces vendeurs de promesses? Où qu'ils soient maintenant, je suis sûr qu'ils savent que la démocratie se porte bien au Canada.

Notre démocratie marche bien et nous devons tout faire pour qu'elle continue à bien marcher. Et parce que tous nos autres droits sont subordonnés à notre droit de vote, nous devons veiller à toujours disposer des informations factuelles qui nous permettront de voter de façon intelligente. Chaque fois que nous votons sans connaître les faits, non seulement nous risquons de perdre certains de nos droits mais nous risquons aussi de perdre notre démocratie.

Et quel est celui qui serait assez fou pour agir ainsi? Mon argument est que les gens du Québec risquent de tout perdre sans le vouloir. Pourquoi? Parce qu'une proportion très importante de la population du Québec, pour des raisons variées, manque totalement d'informations sur le reste de ce grand pays qui est actuellement le sien et que les sentiments véritables de la population multiculturelle du Canada sont rarement exprimés dans les médias par crainte de la réaction des séparatistes.

Prenons un exemple. J'ai récemment appris que, sur les quatorze stations de radio du Québec qui ont été contactées par ma maison de disques et invitées à jouer une de mes dernières chansons intitulée *Suzanne de Lafayette*, douze ont refusé sous prétexte que «Stompin' Tom est connu pour être trop nationaliste et la diffusion de sa chanson risque de déranger les séparatistes qui pourraient se plaindre à la station». Telle a été la réaction bien que la chanson rende hommage au fait français en Amérique du Nord, qu'elle soit chantée en anglais et en français et qu'elle ait été écrite en collaboration avec un francophone né au Québec qui m'a en fait appris comment prononcer correctement tous les mots des sections que je chante en français. C'est de la paranoïa ou quoi? Et de quoi est-ce qu'ils ont peur?

Ils ont peur de la réalité. Tout simplement. Ils cherchent à persuader leurs gens que le séparatisme est la seule façon de préserver leur langue et leur culture françaises et de les défendre contre le reste du Canada dont l'unique désir, disent-ils, est de les miner et de les détruire. Ils clament que les gens du Québec ne pourront jamais poursuivre librement leurs meilleurs intérêts tant qu'ils n'auront pas formé leur propre pays et remis leur destin entre les mains des séparatistes. «Vous ne pouvez pas faire confiance à la démocratie canadienne, disent-ils bien haut, mais vous pouvez *nous* faire confiance.» (Et cela sans présenter la marchandise de façon directe et impartiale.)

Le moment est peut-être venu pour les gens du Québec de regarder les choses en face. Pour commencer, le français est une langue officielle dans ce pays et doit être respecté et honoré partout au Canada. Et pour ceux qui craignent que trop de mots anglais s'infiltrent dans la langue française et ne lui fassent perdre sa pureté, l'histoire nous apprend que c'est exactement l'inverse qui s'est produit. J'ai récemment lu un livre de Charles Berlitz, qui est un expert dans le domaine des langues, et j'ai été surpris d'apprendre que les mots anglo-saxons constituent en fait moins de dix pour cent de la langue anglaise. Tout le reste provient des autres langues. Et, vous le croirez ou non mais quarante-cinq pour cent de ce que nous considérons comme étant anglais vient en fait du français ou de ses dérivés. Là, on peut parler d'infiltration! Mais je n'entends pas les anglophones crier au scandale.

Les séparatistes ont peut-être aussi une autre raison pour vouloir exclure l'anglais du Québec. Il se peut qu'ils ne cherchent pas tant à protéger la pureté de la langue française qu'à filtrer et à obstruer le plus possible le passage des informations en provenance du reste du pays. Oh, on peut mettre sa main à couper que si un radical foule au pied un drapeau québécois, la nouvelle se répandra comme une traînée de poudre. Mais si mille personnes expriment leur intérêt et leur respect pour la vibrante culture française, qu'elles souhaitent voir s'épanouir toujours davantage non seulement au Québec mais dans tout le Canada, il n'y a quasiment aucune chance pour que l'information atteigne les gens auxquels elle s'adresse.

Sous prétexte de protéger la langue et la culture françaises, les séparatistes ne font qu'isoler un secteur important de la population canadienne et cherchent à arracher ces gens à la terre même qu'ils ont héritée à la naissance, une terre qui leur appartient et qu'ils pourront transmettre à leurs enfants pendant les générations à venir, une terre où ils ont le privilège de pouvoir aller et venir, vivre et aimer, travailler et jouer quand et là où bon leur semble sans jamais être considérés comme des étrangers. Et il ne s'agit pas seulement d'une terre qui leur appartient mais d'une grande frontière vers l'avenir qui a été ouverte grâce à la force d'âme de leurs courageux ancêtres dont les noms continuent à résonner fièrement dans nos rivières, nos lacs et nos ruisseaux et dans mille et un lieux partout dans le pays. Je me demande ce que ces hommes et ces femmes diraient aujourd'hui de ceux qui osent recommander que cette belle et riche terre soit maintenant abandonnée par ceux à qui ils l'ont léguée. Je pense que l'idée même leur paraîtrait pure couardise.

Si cette terre a valu le sacrifice d'un seul soldat canadien-français, elle vaut au moins tout le courage que nous pouvons rassembler pour vaincre ce cancer appelé séparatisme. Le Québec ne doit pas se mettre à courir simplement parce qu'Ottawa ne lui donne pas tout ce qu'il veut. Les autres provinces n'ont pas toujours non plus tout ce qu'elles veulent mais c'est dans la nature de toute démocratie. Je parierais n'importe quoi que si le Québec se sépare du Canada, il se retrouvera avec beaucoup moins que ce qu'il a maintenant. Et nous aussi.

Les pertes ne seront pas seulement économiques. On verra des conflits éclater dans toutes les directions. Les Premières Nations, les agriculteurs, les compagnies minières et forestières se disputeront les frontières terrestres. Les pêcheurs se disputeront les meilleurs bancs de pêche. Les compagnies d'aviation se disputeront l'espace aérien. Les compagnies de camionnage et les touristes se battront pour le droit de passage entre l'Ontario et les Maritimes. Les scénarios sont infinis.

Et si quelqu'un se fait tuer dans l'un de ces conflits? Est-ce que cela conduira au ressentiment et à la haine? Est-ce que cela causera des incidents de frontière et finira par une déclaration de guerre? Est-ce qu'on verra des Canadiens et des anciens Canadiens s'entre-tuer? Est-ce que nous laisserons ceux qui sont morts à la guerre pour défendre la paix, la sécurité et la raison dans notre pays et le reste du monde se retourner dans leur tombe à la vue du chaos et du carnage où nous nous retrouvons pour avoir écouté quelques têtes chaudes séparatistes?

Personne n'aime entendre ce genre de prédiction. Mais il ne faut pas oublier que, si l'on ne fait pas attention, il suffit d'une seule allumette pour réduire une maison en cendres. Or, le Canada est notre maison à tous et, si nous ne prenons pas garde, nous pourrions nous retrouver sans rien, tout juste reconnaissants d'être encore en vie, si tout le reste part en fumée.

Personnellement, l'expérience Parizeau me fait penser à un enfant curieux et délinquant qui court partout, cherchant où craquer l'allumette qu'il tient à la main. Tout innocent et bien intentionné qu'il paraisse, il représente en fait une menace pour la famille toute entière.

Au cours de l'été 1992, j'ai emmené mon fils et ma femme (qui, à propos, est née au Québec) faire un voyage en Europe. Nous avons aussi emmené un autre couple (le coauteur québécois de la chanson que j'ai mentionnée plus haut et sa femme qui est également française). Nous avons visité plusieurs pays et tout particulièrement la France, où nous avons passé une grande partie de notre temps. Un après-midi nous sommes allés à Dieppe voir le monument aux morts et le cimetière canadiens. Si ce n'est déjà fait, c'est une visite que je vous recommande quand vous vous trouverez dans cette région de la France.

Vous marcherez entre les tombes, rangée après rangée, et vous lirez les noms de tous les jeunes Canadiens qui sont tombés pour libérer une France déchue des griffes d'un fou nommé Hitler et vous resterez là sans voix, la gorge serrée et les larmes aux yeux. Vous vous rappellerez peut-être, comme nous, que la promesse initiale de Hitler était de libérer les peuples d'Europe, pas de les asservir. C'est dans cette intention qu'il a fini par accumuler le pouvoir formidable qui lui a permis d'écraser non seulement ses propres citoyens, les Juifs, mais aussi ses voisins, un par un, comme on abat un château de cartes.

En lisant les noms sur les tombes, nous nous sommes rendu compte que sur trois soldats canadiens qui s'étaient battus et avaient donné leur vie pour libérer la France, deux étaient anglophones et le troisième était français. Mais ils sont tous morts côte à côte, en camarades et pour la même raison. Cette raison était de veiller à ce que plus jamais aucun pays, en totalité ou en partie, ne se laisse écraser par quelque soi-disant libérateur qui, en réalité, n'avait rien de plus concret à offrir que des grands mots pleins de faux espoirs et un programme d'expérimentation.

En fait, je veux dire ceci : lorsque nous avons quitté le cimetière et que nous avons suffisamment retrouvé notre sang-froid pour pouvoir parler et reprendre la conversation, nous avons immédiatement évoqué la séparation du Québec et les funestes conséquences qu'elle aurait pour tous les Canadiens.

Non seulement cela nous a fait réfléchir mais nous avons ressenti une grande colère contre quiconque oserait seulement insulter la mémoire de ces héros canadiens. Après avoir roulé pendant deux mois sur les grandes et les petites routes de la plupart des pays d'Europe et avoir parlé à des centaines de gens, nous sommes parvenus à un certain nombre de conclusions importantes:

1. Le pays où nous vivons, notre forme de gouvernement, nos grands espaces, notre mode de vie et particulièrement notre aptitude à respecter et à équilibrer nos différences ethniques suscitent non seulement l'envie des autres pays du monde mais font de nous

un peuple en qui les autres nations peuvent avoir confiance.

2. Nous sommes un pays modeste. Nous ne battons pas notre propre tambour et nous ne faisons pas étalage de nos possessions. Cela met les gens à l'aise en notre présence, que ce soit dans notre pays ou dans le leur.

3. Les Canadiens en général, et particulièrement les Canadiens français québécois qui risquent de se laisser prendre par les discours trompeurs de leurs chefs séparatistes, n'ont absolument aucune idée de la richesse, de la grandeur et de la splendeur réelles de leur pays. Nous sommes assis sur une mine d'or et nous ne le savons pas. J'aimerais savoir comment font les gens de l'État de New York, par exemple, pour avoir approximativement le même niveau de vie que la plupart des Canadiens. Leur population actuelle est très proche de la population totale du Canada mais nous disposons d'une superficie qui est approximativement soixante-douze fois plus grande que la leur. Leurs richesses naturelles sont presque épuisées alors que les nôtres sont encore quasiment intouchées. Si on divisait équitablement entre nous tous cette terre qui est la nôtre avec son potentiel de richesses cachées, nous nous retrouverions chacun avec quatre-vingt-cinq acres. Si on divisait équitablement l'État de New York et ses richesses épuisées entre ses citoyens, chacun se retrouverait avec environ un acre de terrain. Et même si quatre-vingt-quinze pour cent de notre terre et de nos richesses ne nous sont présentement accessibles, nous aurions quand même approximativement quatre fois plus de terre et de richesses potentielles que nos homologues de l'État de New York. Pas mal! Je pense que ce serait une terrible erreur pour quiconque

appartient à ce pays mystérieux qui est le nôtre de faire ses bagages et de s'en aller, particulièrement à une époque où tant de gens en provenance de pratiquement tous les pays du monde donneraient ce qu'ils ont de plus cher pour s'y installer.

Bien sûr, les séparatistes soutiennent qu'ils emporteront leur terre avec eux. M. Parizeau a déclaré que, s'il obtient seulement cinquante pour cent plus un vote, il sortira du Canada cent pour cent des gens du Québec. J'aime mieux ne pas penser à ce qui se passera si 49,999 p. 100 de la population décident de rester et de garder la terre québécoise exactement où elle est maintenant, à l'intérieur des frontières du Canada. Et quelque chose me dit que les Premières Nations du Québec, avec leurs vastes étendues de terre, seront parmi ceux qui voudront rester.

En conclusion, j'aimerais ajouter une ou deux choses. La première concerne mes sentiments envers ce pays, pourquoi je l'aime tant et la raison pour laquelle les gens du Québec, s'ils en avaient seulement la possibilité, l'aimeraient aussi.

Lorsque, debout devant les Rocheuses couronnées de neige, je prends conscience de leur majesté et de ma propre insignifiance, tout ce que j'entends dans le silence est mon cœur qui bat et qui me répète ce message bouleversant : «Si petit que je sois, ces montagnes sont à moi.» Lorsque, accroupi au pied d'un sapin de Douglas géant, je me penche sur un clair ruisseau de montagne pour me rafraîchir à ses eaux vives, je rends grâce aussi. Lorsque, émerveillé devant la pureté et la virginité des espaces infinis des territoires du nord, je sens les vents venus de nulle part me caresser la joue, je sais qu'il faut que je le reconnaisse : je suis amoureux. Comme les moissonneuses qui fauchent les vagues d'or ou les bateaux de pêche qui fendent les vagues bleues, nos enfants doivent récolter tous les rêves du Canada et ne jamais cesser d'en rêver de nouveaux.

J'ai beaucoup voyagé dans ce pays, à pied, en voiture, par bateau, en train et par avion. Que je joue ma guitare à Massey Hall, à Toronto, ou que j'accompagne un vieux violoneux français dans la cuisine d'une vieille maison de Gaspé, j'ai connu la chaleur et l'hospitalité des Canadiens partout où je suis passé. Et même si nous ne parlons pas la même langue, c'est notre canadianisme qui nous unit. C'est la qualité qui fait de nous un peuple unique. C'est le trait qui permet de nous reconnaître et de nous identifier dans le monde entier.

Il serait aussi vain pour moi d'aller en Angleterre ou en Australie et d'essayer de convaincre les gens que je ne suis pas canadien que ce le serait pour un Québécois qui va en France. Même si ce n'est pas la langue qui nous fait reconnaître, ce seront nos habitudes, nos manières et notre comportement. Nous pouvons toujours essayer d'être autre chose, nous sommes d'abord des Canadiens. Et même si nous ne le reconnaissons pas nous-mêmes, le reste du monde le reconnaît.

C'est pourquoi je dis, d'abord aux Québécois qui risquent de se trouver sur la route glissante du séparatisme, et puis à tous les Canadiens où qu'ils soient : prenez-vous par la main, sortez de votre trou et, au lieu d'aller voir les palmiers en Floride, allez sur la côte Ouest du Canada où l'herbe est verte tout l'hiver. On y fait aussi pousser des palmiers. Le reste du temps aussi, sortez de chez vous et allez découvrir ce grand pays qui est le nôtre. Allez à l'Est, à l'Ouest et au Nord, d'un océan à l'autre et encore à l'autre, et respirez l'air, profondément, absorbez le paysage, lavez-vous dans les eaux et roulez-vous dans la magnifique poussière du Canada. C'est à vous, vous savez. Tout ça est à vous. Et c'est même mieux encore. Tout cela *est* vous et vous *êtes* tout cela! Inséparables!

La prochaine fois que vous entendrez un froissement dans les branches et un bruissement d'ailes et que vous découvrirez un petit nid brun avec deux œufs bleus, demandez-vous «Est-ce que les rouges-gorges sont revenus chez les Anglais? Est-ce que les rouge-gorges sont revenus chez les Français?» NON! Les rouges-gorges sont revenus au Canada. Et allez dire à M. Parizeau de faire la même chose.

❧

Stompin' Tom est un chanteur-compositeur qui enregistre chez la maison de disques EMI Music (Canada) Ltd.

Traduit par Claude Gillard

Les dangers
de l'inaction

❧

Peter C. Newman

IL fut un temps, pas très lointain, où l'adaptation par Hugh MacLennan de l'épiphanie romantique de Rilke à propos de «deux solitudes» décrivait bien l'indifférence bienveillante qui caractérisait les relations franco-anglaises dans ce pays.

Pourtant, ce printemps, alors que le Québec n'a jamais été aussi près de réaliser son rêve de devenir une nation et que la désintégration du Canada se profile à l'horizon comme une possibilité bien réelle, nous semblons avoir glissé de la solitude à la lassitude. Hormis quelques spécialistes rigoristes de la Constitution et la poignée de patriotes canadiens (une espèce aussi rare que les sorciers-guérisseurs dans les documentaires modernes sur l'Afrique), très peu de personnes au Canada anglais semblent se soucier de ce qu'il adviendra de leur pays ou du Québec. Nous courons le risque de devenir la première nation de l'histoire du monde à se morceler par pur ennui.

La situation me fait songer à une partie d'un dialogue dans l'un des premiers romans d'Arthur Koestler, dans lequel un représentant du service secret interroge impitoyablement un citoyen exaspéré, innocent de tout méfait.

«J'accuse cet homme», entonne le procureur avec lassitude, «de complicité dans des meurtres et des crimes commis hier, aujourd'hui et demain.»

«Mais je n'ai jamais tué même une mouche», implore le prévenu étonné.

«Ah, mais les mouches que vous n'avez pas tuées», rétorque le procureur, triomphant, «ont propagé la peste dans tout le pays.»

Il est bien possible que ce que nous ne faisons pas nous coûtera notre pays.

En raison de ce dilemme très réel, j'estime qu'il ne

suffit pas de rester là, les bras ballants. Nous devons rassembler nos pensées et unir nos actes pour nous porter à la défense du Canada. Ce ne sera pas facile. Il y a eu trop de fausses alertes—après tout, le référendum de René Lévesque en 1980 était censé provoquer l'effondrement de la Confédération; une décennie après, en cas d'échec du lac Meech, on nous prédisait que le soleil ne se lèverait plus jamais; et deux ans plus tard, on nous assurait que la terre se mettrait à tourner à l'envers si les Canadiens rejetaient aux urnes l'Accord de Charlottetown.

Si rien ne nous permet de savoir si les résultats seront différents cette fois-ci, à chacune des occasions précédentes des voix passionnées se sont élevées pour plaider en faveur de la poursuite d'une association. Aujourd'hui, en revanche, le silence s'est installé. Si aucun d'entre nous ne s'exprime à haute voix, c'est nous qui méritons d'être accusés de trahison—tout comme ce malencontreux innocent dans le procès du roman de Koestler—pas Jacques Parizeau ni Lucien Bouchard, qui eux luttent corps et âmes pour *leur* pays, le Québec.

Au moment où j'écris, le séparatisme au Québec reste la cause d'une minorité, mais ses disciples sont mus par une forme de politique énergique et un sentiment certain de leur place. Comme la majorité des Canadiens anglais ne disposent pas d'un contexte personnel dans lequel placer, voire comprendre, ce genre de fougue à l'égard de l'autodétermination, ils ont tendance à interpréter chaque déclamation politique du Bloc ou du Parti Québécois comme les propos enflammés de révolutionnaires.

Le dialogue ne se fonde plus alors sur la question «Comment raviver notre amour, voire notre tolérance, à l'égard des uns et des autres», mais «Quel mérite y a-t-il à rester ensemble, comment pouvons-nous mutuellement nous aider si nous perpétuons l'alliance canadienne?»

Pour commencer, cela signifie que le Canada anglais

doit abandonner la ridicule idée selon laquelle le statu quo reste une possibilité viable. Il ne l'est pas. Arrêtons donc de prétendre qu'en ne discutant pas d'autres solutions, telle est la situation.

Simultanément, les Québécois modérés doivent se rendre compte que l'idée qu'ils se sont toujours faite du Canada, à savoir qu'il s'agit d'un mariage de convenance entre deux sociétés distinctes, est bel et bien morte. Mais n'a-t-elle vraiment jamais existé? La population de Toronto, la capitale du Canada non français, se compose de moins de quarante pour cent de ce qu'on avait l'habitude d'appeler les WASP (protestants anglo-saxons de la race blanche). Cela dit, on comprend d'instinct qu'il y a un nouveau pays et que ces conciliateurs mangeurs de bouillie de flocons d'avoine et à la peau pâle, portant des noms écossais et parlant avec un accent du milieu de l'Atlantique, ne tiennent plus les rênes. Le Canada soi-disant anglais n'en est pas pour autant ni moins intéressant, ni moins valable. Bien au contraire. Cela signifie, en revanche, qu'il y a une nouvelle réalité à l'œuvre, dont la plupart des Québécois ont fait fi jusqu'à présent. De plus, ces derniers ne tiennent pas compte du fait que cette nouvelle coalition est enracinée, aussi solidement, sinon aussi profondément, dans sa société que les Canadiens français le sont dans la leur.

Messieurs Bouchard et Parizeau se font avec intelligence et affabilité les ambassadeurs de leur cause, mais ils sont aussi de fervents croyants dont certaines des idées révolutionnaires ne sont en fait que des babillages insensés. Ils commettent une faute tactique et stratégique fondamentale, celle de croire que les Canadiens hors Québec accepteront avec sérénité l'explosion de leur pays.

Cela n'arrivera pas. En ces temps modernes, pas besoin de monter aux barricades en foule pour faire comprendre au monde (en particulier aux cambistes internationaux) qu'un Canada privé de ses racines historiques et de son unité géographique d'un océan à l'autre ne financera pas l'avenir d'une nation québécoise indépendante. Les Canadiens aiment du fond du cœur leur pays, tout autant que Bouchard et Parizeau adorent leur prétendue république. L'indépendance du Québec ne se fera pas sans une période d'adaptation horriblement traumatique. Les citoyens du Québec seront vraisemblablement les plus grandes victimes de cette transition, du moins en ce qui concerne le niveau de vie, eux qui s'imaginent que la souveraineté résoudra les problèmes économiques, alors qu'en fait elle en créera.

Dans ses nombreux discours et entrevues, Lucien Bouchard, ce symbole courageux, mais malavisé, de la souveraineté, ne cesse d'insister sur le fait que «le Canada aura les mêmes raisons que le Québec de maintenir les réglements actuels sur la libre circulation des personnes, des biens, des services et du capital. Le bon sens prévaudra pendant ces débats. Un Québec souverain, qui détient déjà un quart des réserves canadiennes, appuiera le maintien d'une unité monétaire, importante garantie de la stabilité économique.»

Ce ne sera pas nécessairement le cas. Nulle part, la province d'un État ayant fait cession de la mère-patrie n'a été en mesure de continuer à utiliser la devise plus forte de sa première nationalité. Ainsi, le rouble n'est la devise officielle d'aucune des nombreuses républiques qui composaient jadis l'URSS, même si toutes le souhaiteraient. Bouchard et Parizeau, en prétendant, comme ils le font, que si le Québec se sépare, il pourra garder tout ce qu'il a maintenant, tout en tirant avantage de l'indépendance politique, commettent ni plus ni moins un acte politique frauduleux.

À chaque conférence de presse, ou presque, le chef du

Parti Québécois réitère son appui simultané à la virginité et à la maternité. Curieuse position que la sienne. «Laissons les choses comme elles sont», grogne-t-il dans sa moustache. «Je ne veux pas qu'on se lance dans de rapides négociations économiques et politiques avec le reste du Canada dès que le Québec deviendra souverain.» En plus d'affirmer que la devise monétaire du Québec restera le dollar canadien («pour maintenir le statu quo économique entre le Québec et le Canada»), Parizeau suggère du même coup que des problèmes de nature polémique, comme la répartition de la dette nationale (et vraisemblablement le statut des Premières Nations dans le nouveau Québec indépandant), ne devraient être traités «qu'une fois la situation politique calmée». Bref, le Québec revendiquera son indépendance d'un Canada indolent, gouverné à Ottawa par des dirigeants mous qui acceptent que les questions à négocier les plus épineuses ne soient débattues que dans un avenir incertain.

Pas question.

C'est en 1980, lorsque le regretté René Lévesque a organisé un référendum sur la souveraineté-association— qu'il a perdu—que la question du séparatisme a pris pour la dernière fois au Québec des dimensions aussi affreuses. Ce terme hybride signifiait tout ce que tout le monde voulait bien qu'il signifie, même dans un pays comme le Canada, qui a eu jadis recours à l'expression contradictoire «colonie autonome» pour se décrire. La constitution insensée de l'Empire austro-hongrois est le seul autre exemple de souveraineté-association que l'on trouve dans l'histoire. Le regretté Eugene Forsey, un ancien socialiste que Pierre Trudeau nomma au Sénat et qui en savait plus long que quiconque sur la constitution canadienne, y compris son parrain, a une fois décrit la souveraineté-association en ces termes : «un cheval qui ne veut pas démarrer, sans parler de courir. On ne peut pas plus négocier la souveraineté-association que l'on peut négocier du sucre amer, de l'eau sèche, de la glace en ébullition ou un mouvement stationnaire.»

Le fond de la thèse de Forsey n'a pas changé, bien que les propos du Parti Québécois et du Bloc Québécois donnent souvent l'impression d'être une version glorifiée de la «souveraineté-association». Cette image que Bouchard et Parizeau se font d'eux-mêmes—ils se voient s'embarquant dans cette mission pure et magnifique pour se dépouiller de ce Canada qui tient le Québec prisonnier dans ses chaînes constitutionnelles depuis cent vingt-huit ans, retenant toutefois tout ce qu'il y a de bien chez leur persécuteur—n'a pas plus de sens qu'elle n'en avait en 1980.

Nous formons soit une seule nation, soit deux. Un point c'est tout.

Dans ce contexte, l'une des ironies fondamentales du mouvement indépendantiste québécois est de vouloir financer la rupture du Canada avec des dollars canadiens. C'est un peu—comme le disent les chansonnettes «country western»—vouloir être son propre grand-père.

L'an dernier, pendant sa tournée dans l'Ouest, Bouchard s'est montré très précis : «Nous avons déjà en circulation vingt-quatre pour cent de la monnaie canadienne, et nous la garderons», a-t-il affirmé à qui voulait l'entendre. «C'est notre argent et nous nous en servirons. Personne ne tient à voir les Québécois déverser vingt-quatre milliards de dollars sur le marché—ce serait un coup terrible à assener à la devise.»

Même si les Canadiens anglais étaient suffisamment cornichons pour envisager de partager leur devise avec la nouvelle entité politique qui aurait détruit leur avenir de pays, deux grands états souverains ne peuvent pas avoir la même devise. C'est tout à fait impossible. Plusieurs pays (surtout le Panama et le Libéria) se servent du dollar américain comme monnaie officielle, mais leur balance des paiements est si catastrophique qu'en fait il n'existe pas d'union monétaire digne de ce nom. De la même façon, les neuf anciennes colonies françaises qui ont uni leur destinée financière en formant l'Union monétaire Ouest africaine ont dû depuis imposer des contrôles de change stricts pour empêcher la fuite des capitaux. La seule union monétaire qui fonctionne est celle existant entre la Belgique et le Luxembourg, mais la population du minuscule duché ne représente que quatre pour cent de celle de la Belgique. De plus, comme celui-ci accuse constamment des surplus budgétaires, ce pays pas plus gros qu'un timbre n'a ressenti que très peu de contraintes politiques. Les tentatives de négociation visant à ce que l'Union européenne se serve de la même devise représentent bien entendu la grande expérience en ce qui concerne la formation d'une union monétaire. Paradoxalement, ces négociations mettent en lumière les raisons pour lesquelles le Québec et le Canada ne pourraient se fonder sur cet exemple. En effet, une union monétaire oblige généralement les pays membres à s'orienter vers une plus grande intégration politique.

Le Traité de Maastricht (décembre 1991), qui a circonscrit le cadre de l'union monétaire, a aussi montré clairement que les douze pays membres perdraient non seulement leur autonomie monétaire, mais aussi leur indépendance fiscale. C'est la raison pour laquelle l'approbation du Traité a provoqué tant de remous en Grande-Bretagne, au Danemark et en Allemagne. Si les Douze mettent en œuvre cet important pacte, il en découlera au bout du compte une union politique, économique et sociale qui ne sera guère différente de la Confédération canadienne. Telle est actuellement la situation du Canada. Pour le Québec, se séparer, tout en insistant pour garder une monnaie commune, ne semble donc pas valoir vraiment la peine. L'ultime conséquence qu'aurait le maintien d'un dollar unique serait la formation d'un nouveau Canada dont la gestion ressemblerait étrangement à l'ancien. Pourquoi à ce compte-là se compliquer la vie?

Les dix provinces du Canada forment une association économique qui marche (même si elle est loin d'être parfaite). De surcroît, le flux des échanges commerciaux existant indique que le Québec vend plus de produits au reste du Canada qu'à tous les autres pays du monde. Il est probable que les Canadiens, s'ils étaient laissés pour compte dans un pays divisé, n'insisteraient pas pour perpétuer cet accès. Simultanément, la nouvelle république de Bouchard et Parizeau n'obtiendrait pas nécessairement accès à l'Accord de libre-échange nord-américain, surtout dans la mesure où le Canada peut opposer son veto à l'admission de nouveaux membres.

«En termes simples», lisait-on dans une étude publiée en 1992 par la Banque Royale, «il n'est pas réalistement possible que deux États réellement souverains partagent la même devise, tout en exerçant chacun de leur côté un contrôle sur la politique monétaire, fiscale et économique qui étaye cette monnaie. La monnaie d'un pays est l'une des expressions les plus fondamentales de son existence. Si deux pays appliquent une politique monétaire et fiscale et d'autres politiques gouvernementales clés identiques, aucun des deux pays n'est alors vraiment indépendant.»

Comme une séparation affaiblirait énormément les deux territoires, les taux d'intérêt grimperaient en flèche et les habitudes d'achat des consommateurs et des sociétés se détérioreraient, ce qui minerait deux économies déjà fragiles. Il n'y aurait pas, du moins aux premières étapes, assez de capitaux qui entreraient dans le pays pour payer tous les ans les cinquante-cinq milliards ou plus d'intérêts de la dette nationale du Canada, peu importe la façon dont celle-ci est répartie. Cette situation déclencherait une dangereuse crise du marché de change international, qui presque inévitablement attirerait le peloton des mesures d'urgence du Fonds monétaire international. Les fonds de retraite seraient les plus durement touchés, mais chaque aspect de l'existence des Québécois et des Canadiens en pâtirait aussi. Le niveau de vie chuterait d'au moins quinze pour cent, les revenus personnels dégringoleraient d'environ 10 140 dollars par famille et le chômage atteindrait quinze pour cent, voire davantage. Le Canada deviendrait une autre Terre-Neuve, un peu plus grand seulement.

Pressentant la disparition de nombre de possibilités, au moins un million de Canadiens émigreraient aux États-Unis. Et, comme c'est toujours le cas lorsqu'il s'agit d'un exode d'origine économique, nous perdrions les meilleurs et les plus brillants des nôtres.

L'idée la plus tordue de Jacques Parizeau est son plan actuel de carrément fonder sa stratégie indépendantiste sur les tactiques que Rogers Cable Ltd. a appliquées en début d'année pour obliger les téléspectateurs à payer les nouvelles chaînes spécialisées afin de les capter. Au lieu de laisser les citoyens du Québec décider ouvertement s'ils appuient la séparation du Québec, le chef péquiste a expliqué que l'Assemblée nationale adopterait unilatéralement un édit qui ferait du Québec un état souverain. Ce n'est qu'après coup que les électeurs pourraient exprimer leurs sentiments sur ce qui, à ce moment-là, serait un fait accompli. Sa stratégie est une copie conforme du plan de commercialisation mal choisi de Ted Rogers. Espérons qu'au triste sort de ce dernier correspondra le renvoi du premier.

Stratagème désespéré tenté par des Machiavel en

herbe, la démarche de M. Parizeau n'a pas été des plus intelligentes, comme l'ont affirmé beaucoup de commentateurs à l'époque. Elle a plutôt été du genre stupide, car s'il est une chose que les Québécois ont prouvé à maintes reprises, c'est que, dans leur sagesse collective, ils votent en pensant à leurs intérêts les plus vifs. Jusqu'à présent, les chefs du PQ et du BQ n'ont pas été en mesure de prouver au *peuple* du Québec, par opposition aux politiciens, un seul avantage de former une nation. Non seulement un Québec indépendant gardera le dollar canadien *et* des passeports canadiens, a promis Parizeau, mais la nouvelle république indépendante sera membre du Commonwealth, de l'OTAN et de l'ALENA. (On suppose qu'elle encouragera ses citoyens à maudire Ottawa et à se moquer de Toronto. Que diable, n'est-ce pas ça être Canadien?)

Dans sa logique, Parizeau voudrait nous faire croire que le passage à l'indépendance sera si paisible que personne, ou presque, ne s'en apercevra. Son statut personnel constituerait le seul changement réel, présume-t-on. Au lieu d'être le modeste premier ministre d'une importante province, il deviendrait le président exalté d'une république marginale, qui pourrait ennuyer les assemblées des Nations unies avec ses conférences avunculaires et faire flotter la fleur-de-lis sur le pare-chocs de sa limousine. Il s'installerait enfin officiellement dans son palais présidentiel à Québec, au lieu d'habiter simplement dans une maison donnée ayant des airs de palais.

Aucune des homélies apaisantes de Parizeau ne sonne juste. Si le Québec devenait indépendant après le référendum, tout changerait. Le Canada que nous connaissons et aimons disparaîtrait en tant qu'état viable. Le territoire, exorbitant certes mais formant un tout en raison de son étendue d'un océan à l'autre, deviendrait impossible à gérer. Le trou béant où Québec s'épanouissait jadis déchirerait le pays en petits morceaux. Les moyens auxquels le Québec aurait eu recours pour quitter la Confédération devraient être accordés aux autres provinces. La Colombie-Britannique et l'Alberta, ensemble ou individuellement, ne tarderaient pas à emboîter le pas au Québec et deviendraient soit des principautés de la région du Pacifique, soit des prolongations septentrionales de la nouvelle Cascadia, déjà en formation sur la côte du Pacifique.

Le plus grand problème de ceux qui, parmi nous, aiment ce pays est que le camp fédéraliste manque de chefs. Les manœuvres d'Ottawa sont soit stupides, soit naïves; une chose est certaine, elles sont complètement inadéquates. La politique de non-ingérence de Jean Chrétien me rappelle un sketch de Robin Williams dans lequel il parodie les policiers britanniques qui, comme le veut la tradition, ne portent pas d'arme. Devant un cambrioleur de banque en fuite, le policier crie «Stop!» Rien ne se passe. Le voleur continue sa course. «Si vous ne vous arrêtez pas immédiatement», répète la voix de la justice, «je crierai à nouveau "Stop!"»

Il semble que ce soit là toute la stratégie de Jean Chrétien. «Si le Québec se sépare du Canada, ce serait complètement illégal et inconstitutionnel», répète-t-il à l'envi, comme un disque rayé. Il a bien entendu raison, mais la marche du monde repose sur d'autres règles. Difficile de trouver un pays qui s'est récemment séparé de la mère-patrie en appliquant des moyens juridiques et constitutionnels stricts. Des pays naissent à la suite d'une révolution ou grâce à quelque dirigeant charismatique qui déclare à la communauté mondiale : «Devinez un peu ce que nous venons de faire? Nous avons formé un pays! Alors, dansons maintenant.»

En ce moment, le durcissement d'attitude du Canada

anglais à l'égard du Québec pose une menace sur l'avenir des deux régions. Dans les provinces de l'Ouest, les règles du jeu ont certainement changé. L'humeur de la plupart des gens, en autant que l'on puisse déterminer leurs senti- ments, correspond à l'attitude que prônent avec vigueur Preston Manning et ses réformistes vis-à-vis du Québec, soit une indifférence frisant l'hostilité. Même ceux qui dans le passé soutenaient les aspirations du Québec et ont fait leur possible pour appuyer l'unité nationale en inscrivant leurs enfants dans des écoles d'immersion, affir- ment aujourd'hui catégoriquement qu'ils empêcheront le Québec de détruire la Confédération. L'humeur est à la dureté et à l'intransigeance, rappelant la vieille chanson de blues de Chicago qui dit «Je t'ai dit que je t'aimais, alors déguerpis maintenant!»

Les optimistes de la Constitution canadienne se sont toujours réconfortés en se disant qu'il en faut beaucoup pour agenouiller ce pays.

Cette fois-ci, il faudra peut-être que nous testions jusqu'à l'extrême cet aphorisme contestable.

❧

Le nouveau livre de Peter C. Newman,
The Canadian Revolution:
From Compliance to Defiance,
sera publié cet automne par Viking.

Traduit par Anne Minguet-Patocka

Un pays pour nos enfants

❧

Judy MAPPIN

J'ÉCRIS cet article par une journée d'hiver à Ste-Adèle-en-Haut, village situé à une heure de route au nord de Montréal, dans les Laurentides. C'est une journée de février resplendissante avec de la neige craquante et miroitant sous le soleil. Il y a des chardonnerets jaunes et des mésanges dans la mangeoire, et à quelque distance de là, on aperçoit un porc-épic arrachant l'écorce des arbres. Les conditions sont idéales pour faire du ski de fond. Sur les pistes, les skieurs en balade se saluent par un «bonjour,» indépendamment de leur langue maternelle. Au village de Ste-Adèle-en-Haut, nous parlons français dans les magasins où nous faisons nos emplettes et on nous répond en général en français. À l'occasion, on s'adresse à nous en anglais de manière bon enfant. Le jeune homme de la station-service où nous faisons le plein d'essence est fier de son anglais presque impeccable.

Pendant ce temps-là, dans tout le Québec, le cirque itinérant de Jacques Parizeau sillonne la province, soi-disant pour entendre les commentaires des partisans de la «souveraineté», c'est-à-dire de la séparation, et de ses adversaires. En réalité, il cherche à faire progresser sa cause, soit la destruction du Canada. On écoute quelque-fois poliment ceux et celles qui parlent au nom du Canada, mais à certains moments les commissaires et l'auditoire les traitent avec dérision. À des émissions-conversation locales, j'ai entendu des personnes dire qu'elles soutenaient l'unité du Canada, mais craignaient de s'ex-primer devant les commissions par peur des réactions de leurs supérieurs et de leurs collègues. Et on vit dans un pays libre! Quelle situation tragique! De temps en temps aussi, les personnes qui osent parler s'éloignent du sujet et évoquent leurs soucis personnels—chômage, garde des enfants, etc.—, soucis qui les préoccupent davantage que la possible séparation du Québec.

Mon mari, un Québécois de langue anglaise, est né dans cette province et y a toujours vécu. Il a collaboré à la vie de la société québécoise pendant toute sa carrière professionnelle. Il est ici chez lui et a le droit d'y être. Quant à moi, j'habite ici depuis plus de quarante ans. C'est mon chez-moi. Nous ne voulons habiter nulle part ailleurs. Mais nous sommes Canadiens et nous n'abandonnerons jamais notre passeport canadien.

En 1974, j'ai ouvert avec deux associés une librairie qui ne vend que des livres d'auteurs canadiens. À l'époque, nous pensions attester clairement, comme nous le pensons encore aujourd'hui, de la qualité des œuvres des écrivains canadiens, et nous souhaitions que leurs livres soient plus faciles à se procurer. La plupart de nos livres sont en anglais, car il y a de nombreuses bonnes librairies à Montréal qui vendent des livres en français. Nous avons aussi sur nos rayons des traductions de livres en français, œuvres de Québécois ou d'autres auteurs canadiens qui écrivent en français. Notre clientèle de la langue française vient acheter à la librairie des livres écrits par des Canadiens anglophones. Il arrive aussi que des poètes et d'autres personnes viennent fouiner sur nos rayons, à la recherche d'œuvres poétiques ou romanesques qu'ils aimeraient voir traduire en français. Depuis vingt ans que nous avons la librairie, il y a eu recrudescence de ce genre d'activités et nous avons senti qu'un dialogue s'établissait de plus en plus entre les écrivains des deux langues. Si le Québec se sépare, je me demande ce qu'il adviendra des passerelles qui ont été édifiées. En ce qui me concerne, je n'aurais pas le ressort de continuer. Je le sais.

C'est absurde de dire que les Canadiens n'ont pas d'identité et tout aussi ridicule d'affirmer qu'il n'existe pas de culture canadienne. Passez donc par ma librairie, et je vous montrerai notre identité telle que l'exprime nos écrivains. Ou regardez encore des films tournés par des Canadiens, faites connaissance avec nos danses et notre musique, voyez les œuvres de nos artistes et regardez des jeunes disputer un match de hockey, chanter autour d'un feu de bois ou faire du canotage sur un lac en colonie de vacances pendant l'été.

Je suis troublée et j'ai peur. Ce n'est pas tant pour mon mari et pour moi-même que j'ai peur. Nous avons déjà vécu de nombreuses années; nous pouvons rester ici ou aller où bon nous semble. Mais j'ai peur pour mes enfants, où qu'ils soient au Canada, et pour mes petits-enfants, et pour les enfants des autres quelle que soit leur langue maternelle. Si le Québec se sèpare, je crains qu'ils n'aient pas de pays. De plus, j'éprouve de l'appréhension pour les enfants des Québécois francophones qui n'apprennent pas l'anglais à l'école; quoiqu'il arrive, leur vie sera terriblement limitée. Dans la plupart des régions du pays, les parents anglophones peuvent choisir d'inscrire leurs enfants dans des écoles d'immersion en français.

Nous avons de la chance, car nos enfants ont la possibilité d'arriver à l'âge adulte en parlant deux des langues les plus usitées dans le monde. En Europe, tout le monde trouve normal que les enfants apprennent plusieurs langues, alors qu'ici certains en font toute une histoire!

Il est tragique qu'une poignée d'intellectuels et de politiciens suivant leur propre programme essaient, souvent avec l'aide et le soutien des médias, de manipuler les Québécois et de leur faire croire qu'ils se porteraient mieux dans un Québec «souverain.»

Il est aussi tragique que nos dirigeants et les simples citoyens doivent consacrer tant de temps et d'énergie au débat référendaire, alors que le Canada est, selon les dires, le meilleur pays du monde où vivre, est accablé de graves problèmes : les pauvres et les sans-abri, ceux qui cherchent un emploi et n'en trouvent pas, notre dette qui nous classe presque dans la catégorie des pays du Tiers-Monde, nos ventes démesurées d'armes à des pays qui, nous le savons, enfreignent les droits de la personne, et les inquiétudes que pose l'environnement. Il faut se pencher sur ces questions et d'autres tout aussi sérieuses *dès maintenant*. Pourtant, le référendum domine toute action et décision.

À certains moments, j'ai l'impression que le reste du Canada reconnaît à peine le fait qu'il y a des Québécois anglophones qui ont participé de longue date à l'édification de cette province. Toutefois, alors que cette crise depuis longtemps prévue est imminente, je suis rassurée par le fait qu'on m'ait demandé de rédiger cet article, car cela montre que nous comptons après tout. Récemment, l'une de mes amies ontariennes a exprimé un sentiment que partagent avec elle beaucoup de Canadiens hors Québec, à savoir qu'elle devrait avoir son mot à dire à propos de ce qu'il arrive à notre pays.

Les premiers immigrants du Canada ont été les Autochtones. Puis sont venus les Anglais et les Français, qui se sont battus et ont fondé ensemble par la suite le Canada moderne. Depuis, il y a eu des vagues successives d'immigrants en provenance des quatre coins du monde. Ils sont venus ici pour être Canadiens.

Il n'y a que trente ans que le Canada s'est doté de son propre drapeau. Son motif symbolise notre devise «A Mari Usque Ad Mare», c'est-à-dire d'un océan à l'autre, mais pas seulement de l'Atlantique au Pacifique, mais aussi des terres et des eaux septentrionales à la frontière «amicale» la plus longue du monde. Selon moi, les Québécois sont des gens sensés. J'espère que dans l'intimité de l'isoloir ils voteront en masse pour le Canada, qui est, comme le dit le très honorable Joe Clark «un pays trop bien pour qu'on le perde».

Judy Mappin est née a Toronto. Elle est diplômée en Sciences de l'Université McGill et elle est Québecoise depuis plus de quarante ans. En outre elle est mariée, elle a des enfants et des petits-enfants et elle est libraire.

Traduit par Anne Minguet-Patocka

Le Canada : la poursuite d'une réussite

― ❧ ―

Matthew W. BARRETT

PEU de pays peuvent se vanter de posséder autant d'avantages que le Canada. Nous avons de plus en plus de succès dans l'exportation de produits manufacturés à valeur ajoutée et nous accomplissons des exploits reconnus dans le monde entier dans les domaines des logiciels et des télécommunications, ainsi que dans bien d'autres secteurs. Toutes ces réalisations entraînent la création d'emplois très spécialisés, très bien payés et à forte intensité de connaissances. Nous ne sommes donc plus de simples importateurs de technologies toutes faites et, trop souvent, déjà désuètes. Nous utilisons plutôt nos propres compétences pour mettre au point nos propres technologies, et aussi pour développer celles des autres et les exporter à notre tour après les avoir perfectionnées.

Le Canada dispose de tous ces avantages au moment même où nos marchés, autant nos marchés traditionnels que les nouveaux, sont plus prêts que jamais pour l'expansion. Nous pouvons nous attendre à un nombre croissant de débouchés pour les exportateurs Canadiens grâce à l'ALENA (auquel le Chili a été invité à adhérer), grâce à la série de l'Uruguay de l'Accord général sur les tarifs et le commerce, le GATT, qui aura pour effet de faire abaisser les barrières commerciales à des niveaux jamais atteints auparavant, et grâce à notre participation à l'Organisation de coopération économique Asie-Pacifique, qui nous relie aux dynamiques pays de l'Asie de l'Est et du Pacifique. Il est de la plus haute importance de comprendre que *tous* les Canadiens, d'un océan à l'autre, se trouvent dans une situation extrêmement favorable pour profiter des débouchés qui surgissent dans les région d'Asie du pourtour du Pacifique et dans plusieurs autres régions du monde. La situation exceptionnelle de notre pays en tant que membre à part entière des pays signataires de l'ALENA, dont le nombre est appelé à augmenter, et en tant que membre de l'Organisation de coopération économique Asie-Pacifique, en plus du gigantesque marché américain tout proche, nous offre de très vastes possibilités de mettre à profit les avantages du Canada.

Ainsi, pour les Canadiens, les transformations en cours dans l'économie mondiale ne représentent pas une menace mais bel et bien une occasion unique. Une occasion que nous sommes particulièrement bien placés pour saisir. L'étiquette «Fabriqué au Canada» est bien accueillie partout, non seulement à cause de la qualité de nos produits et de nos services, mais à cause du respect que suscite le nom du Canada pour sa contribution à la paix et à l'ordre dans le monde et parce qu'il est reconnu comme un pays démocratique, honnête, possédant le sens de la civilité et de la justice sociale. Il ne faut pas sous-estimer les avantages que tout exportateur canadien peut tirer de cette réserve de bonne volonté. Je le constate partout où je vais au nom de la Banque de Montréal.

Si de nouvelles portes s'ouvrent devant nous, nous le devons au plus important de tous les changements, un changement d'*attitude*. Les entreprises canadiennes se tournent maintenant beaucoup plus vers l'étranger. Nous avons toujours été une nation commerçante, bien sûr, mais on a pu dire à juste titre que nous n'étions pas nécessairement une nation de commerçants. Aujourd'hui, au contraire, tous les gens d'affaires avec lesquels je discute voyagent de par le monde afin de découvrir les meilleurs, les chefs de file dans leur secteur d'activité, pour pouvoir être en mesure de leur faire concurrence. Le Canada est déjà en voie de devenir une nation de commerçants redoutables et, sur les marchés du monde entier, l'étiquette «Fabriqué au Canada» arbore notre drapeau sur de plus en plus de produits finis et sur de plus en plus d'*idées* qui ajoutent de la valeur aux produits.

Et ce changement d'attitude a également eu des effets au pays. Depuis le milieu des années 1980, nous avons mis en place plusieurs éléments de base pour une amélioration durable de nos résultats économiques globaux. Nous avons maintenu l'inflation à un niveau qui fait l'envie de bien des pays dans le monde. Le gouvernement fédéral a mis en place des mesures en vue de changements structurels majeurs dans l'économie, notamment par la conclusion d'accords commerciaux. Les entreprises sont devenues plus compétitives, adoptant des technologies de pointe et procédant à une profonde restructuration.

L'aspect le plus frappant de ce changement d'attitude réside peut-être dans la façon dont les Canadiens créent de nouveaux partenariats. Un pays comme le nôtre, peu peuplé mais aux vastes dimensions, doit pouvoir compter sur la coopération la plus totale dans tous les secteurs d'activité et toutes les couches de la société s'il veut tenir tête à ses concurrents sur les marchés mondiaux. De nos jours, entreprises, administrations publiques, syndicats et universités travaillent de concert sur de nombreux fronts pour s'assurer que les Canadiens puissent relever le défi de la concurrence internationale.

Le Canada, donc, est loin d'être en panne. Voyons les faits.

Au troisième trimestre de 1994, notre production globale a augmenté de 4,8 p. 100 par rapport à l'année précédente. Nous avons fait mieux que tous les autres grands pays industrialisés membres du G7. En outre, l'OCDE prévoit que, pour cette année et l'an prochain, notre croissance sera supérieure à celle des autres membres du G7.

Les exportateurs Canadiens ont évidemment joué un rôle primordial dans cette réussite. Les exportations aux États-Unis ont augmenté de près de 65 p. 100 par rapport à 1991. Les ventes de marchandises sont en plein essor, notre excédent annuel ayant atteint vingt et un milliards de dollars en octobre 1994. Les exportations de produits et de services atteignent des niveaux jamais égalés, aussi bien en dollars absolus qu'en pourcentage du PIB. En fait, nous sommes en tête des pays du G7 pour ce qui est de la valeur de nos exportations par rapport à notre production et, au troisième trimestre de 1994, nos exportations de produits et services réels ont atteint le niveau incroyable de 38,1 p. 100 du PIB, comparativement à 26 p. 100 dans les années 1980.

L'an dernier, nos réalisations économiques ont permis une augmentation de près de deux pour cent du niveau de l'emploi. En 1994, 341 000 emplois ont été créés au Canada, tous dans le secteur privé; et, ce qui est particulièrement encourageant, il s'agissait d'emplois à plein temps. Ce résultat est le meilleur depuis 1987—le meilleur depuis sept ans—et pendant ce temps-là le taux de chômage, bien qu'encore trop élevé, est *tombé* et ce jusqu'à 9,6 p. 100.

Voilà comment des ententes commerciales judicieuses, l'excellente réputation internationale du Canada, une vision tournée vers l'étranger et un nouvel esprit de coopération au pays nous ont permis de bâtir sur nos avantages fondamentaux. Il ne manque certes pas de preuves que nous avons bel et bien au Canada, grâce à la collaboration entre les secteurs public et privé, la capacité de faire face à la concurrence internationale, de préserver nos emplois existants et de créer les nouveaux emplois dont ce pays a tant besoin.

Toutefois, nous avons deux questions majeures à résoudre. Nous allons devoir y faire face dans les meilleurs délais. Et c'est la *façon* dont nous les réglerons qui indiquera, dans une large mesure, si nous nous donnons les moyens de poursuivre cette remarquable réussite.

Tout d'abord, il faut de toute urgence nous attaquer

aux problèmes de la dette et du déficit du Canada. Les décisions que prendra le Canada à l'égard de la dette et du déficit sont absolument fondamentales pour le bien-être futur du pays. Notre endettement croissant est un virus qui nous affaiblit déjà considérablement. Faute de mesures efficaces et rapides, les forces économiques dont j'ai parlé tout à l'heure vont s'en trouver sapées.

Là aussi, cependant, il est permis d'être beaucoup plus optimiste qu'il y a deux ans à peine. En effet, une forte majorité des Canadiens, dans tout le pays, s'entendent pour dire que la tendance à l'accroissement de la dette doit être stoppée et même inversée, et que la seule solution raisonnable et politiquement acceptable consiste à réduire les dépenses publiques. Les gouvernements de tout le Canada consacrent à cette tâche des efforts de plus en plus fructueux, et le gouvernement fédéral, dans le budget qu'il a déposé fin février, a présenté un certain nombre de propositions initiales qui vont dans ce sens.

Par ailleurs, bien que la situation de nos finances publiques soit critique, notre avenir politique est encore plus important. Les questions que les Canadiens de chaque province doivent se poser sont les suivantes : «Le fédéralisme a-t-il donné de bons résultats? Le fait d'être membre de cette fédération, telle qu'on la connaît aujourd-'hui, a-t-il ajouté à notre prospérité, à notre liberté, à notre qualité de vie?» Nous devons tous nous poser ces questions et y réfléchir, parce que nos réponses détermineront notre attitude à l'égard du référendum au Québec de même que notre attitude à l'égard des ajustements qu'il pourrait être nécessaire de faire plus tard.

À mon avis, les faits que je viens de décrire montrent sans l'ombre d'un doute que le fédéralisme canadien nous a en effet donné des résultats extraordinairement favorables, et qu'il peut faire encore mieux à l'avenir. Le Canada fait d'ailleurs l'envie du monde, ce qui explique pourquoi tant de gens frappent à notre porte. L'Organisation des Nations unies a reconnu nos réalisations, elle aussi, et a classé le Canada au premier rang. Ce fait a été répété maintes fois et il devrait l'être encore. Nous avons besoin que l'on nous rappelle souvent que nous avons édifié un pays très prospère au nord de ce continent, ce que le monde entier reconnaît, même si nous ne le savons pas toujours nous-mêmes.

Il nous arrive souvent, dans ce pays, de parler comme si nous étions exceptionnellement désavantagés du fait de notre diversité. Pourtant, un bref coup d'œil autour de nous nous apprendrait sûrement que le Canada est au contraire un des pays les plus favorisés. Nommez-moi un seul pays sur cette planète qui ne soit pas en train de débattre des modifications à apporter à sa constitution ou à ses institutions politiques et sociales. Nommez-en un qui ne s'efforce pas de redéfinir des ententes internes ainsi que ses rapports avec le reste du monde. Nommez-en un. Moi, en tout cas, je n'en connais pas.

Bien sûr, aucun pays n'a encore bâti le pays d'utopie et le Canada en est fort loin. Mais nos difficultés, si graves et fondamentales qu'elles soient, peuvent, comparativement aux difficultés du monde, être résolues de façon civilisée. Dans le monde réel, la vie de chaque pays est un voyage, une œuvre en cours de réalisation. Il n'y a pas de solution définitive, de solution miracle. Les pays doivent continuellement se réorganiser et s'adapter au monde en métamorphose qui les entoure. Il en est ainsi pour nous. En effet, la principale cause de la réussite du Canada réside dans le fait que, de 1867 jusqu'à aujourd'hui, nous avons adapté le fédéralisme aux changements qui marquaient les besoins et les époques. Il nous faudra continuer dans cette voie. Ne laissons pas les déceptions politiques nous entraîner à des actions peu judicieuses ou précipitées.

L'unité canadienne a fait partie intégrante de notre réussite en tant que pays. Pour le Canada, perte du Québec équivaudrait à s'infliger une blessure. Ce serait le démantèlement d'une puissante entité nationale et la rupture d'une famille dont les origines remontent à plus de deux cents ans. Nous avons une histoire commune. Ensemble, nous avons édifié un grand pays qui est, sans conteste, un des exemples de réussite universels. Dans un monde assailli par les tensions et les rivalités, les réalisations du Canada ressortent comme un modèle de modération et de concorde. Nous nous devons, à nous-mêmes et aux généations futures, sans parler de la communauté internationale, de faire en sorte que notre fédération survive. À ce propos, chacun de nous doit jouer sa part dans la préservation du Canada.

Je suis persuadé que les Québécois vont opter pour le Canada. Je suis aussi persuadé que les Canadiens, partout au pays, vont tendre la main au Québec et garder le pays uni, pour des raisons pratiques mais aussi en raison d'un sentiment profond de fierté nationale. Tous les Canadiens peuvent influencer le résultat du référendum, nous pouvons le faire par notre attitude, avec notre sens traditionnel de la civilité et de la modération et celui de grandes choses déjà réalisées en commun et celles encore plus grandes à venir. J'ai une confiance totale dans la sagesse des Québécois. J'ai aussi une confiance totale dans la sagesse de tous les Canadiens.

❧

M. Matthew Barrett est entré au service de la Banque de Montréal il y a trente-deux ans à Londres (Angleterre) comme commis. Il a été nommé Président du Conseil d'administration et Directeur général de la banque en 1990.

Pour l'amour de ce pays

Morceaux
de ciel

❧

Neil B**ISSOONDATH**

Nous sommes ce que la géographie de ce pays nous a faits... C'est pourquoi nous sommes plus proches, en un sens, des Canadiens anglais que des Français. Après un mois à Paris, que j'ai aimé de tout mon cœur, j'ai quand même commencé à regretter nos arbres et la vue des Laurentides et l'horizon du Québec. J'avais envie de revoir le ciel canadien, si vaste et si grandiose. À Paris, on a des morceaux de ciel.

Roger Lemelin, romancier québécois,
tiré d'une lettre écrite en anglais en 1950.

IL est devenu de bon ton, ces dernières années, en public comme en privé, de prétendre que l'on ne peut pas parler de valeurs canadiennes et, par extension, de culture canadienne. C'est là une étrange façon de voir pour un pays qui existe politiquement depuis près de cent trente ans et historiquement depuis encore plus longtemps. C'est comme si on disait que le Canada et les Canadiens n'ont aucune réalité.

Mais notre pays, avec ses difficultés et son mal de vivre, *existe bel et bien*, et il a des valeurs qui lui sont propres. Ces valeurs ne sont peut-être pas toujours évidentes, elles ne sont peut-être pas toujours faciles à définir mais on en respire les effets dans l'air même qui nous entoure. Physiquement, le Canada a bien des points communs avec les États-Unis mais, lorsque je traverse la frontière, je sais immédiatement que je suis à l'étranger. L'électricité psychique est différente, autre. Elle me dit que je ne suis plus chez moi.

Principes, valeurs et croyances, ces mots—utilisés par Pierre Elliott Trudeau dans un exposé des valeurs positives attachées à la Charte des droits et libertés—sont la pierre de touche des philosophes moraux et des théologiens, le cri de ralliement des fondamentalistes religieux, le flambeau linguistique des politiciens qui cherchent à élever le débat. Ils sous-tendent aussi les plans de bataille dans un Canada profondément marqué par les idées de Pierre Trudeau.

Il y a eu une époque, dit-on, où il était facile de reconnaître un Canadien. Le Canadien était celui qui fourrait ses papiers de bonbons et ses trognons de pomme dans ses poches en attendant de trouver une poubelle. Et puis il restait là, en communion sacrée, à murmurer des phrases qui finissaient par «...là» et déposait ses offrandes sur l'autel de la fierté civique.

Nous n'avons jamais défini la fierté comme tout le monde. Mais ce trait bien particulier a commencé sa lente descente vers la mort avec l'arrivée, il y a quelques années, du mot «biodégradable». Les Canadiens ont commencé à se dire tout bas que la nature ferait son œuvre et à acquérir de nouveaux réflexes : geste furtif du poignet et—«Hé, tu as vu ces nuages, là?»—mouvement résolu des yeux pour éviter de suivre la trajectoire des boules de papier ou des paquets de cigarettes vides. De nos jours, le meilleur des Canadiens laisse des ordures derrière lui. Il se peut que la spécificité se perde.

On dit cependant que le Canadien a d'autres façons de se faire reconnaître, par une politesse exagérée, par exemple : marchez par inadvertance sur le pied d'un Canadien et *c'est lui* qui se confond en excuses. Bien des gens pensent que c'est une réaction stupide. Pas moi. Dans certaines parties du monde, on pourra s'estimer heureux si on s'en tire avec un regard noir. Dans d'autres, on aura de la chance si on en sort vivant. Je trouve attachant et éminemment civilisé ce besoin qu'a le Canadien de s'excuser pour avoir mis son pied sous le vôtre.

On ne peut pas faire confiance aux stéréotypes, bien sûr. Tout ce qu'ils peuvent offrir, au mieux, c'est une orientation générale. Mais j'espère que cet aspect du stéréotype canadien correspond à la réalité. Car il témoigne des principes, des valeurs et des croyances qui définissent le caractère d'un peuple marqué par une histoire particulière.

Alors, en ce moment de notre histoire, quelles sont donc les valeurs canadiennes?

La question est généralement posée par ceux qui ont tendance à nier ces valeurs. Ou alors, elle apparaît comme une tentative pour rabaisser la notion même comme si, en revendiquant une valeur pour le Canada, on la refusait aux autres. Il est évident que ce n'est pas le cas.

Je pense que nous avons eu un aperçu de l'une de ces valeurs dans les milliers de messages de bonne santé qui ont été envoyés à Lucien Bouchard, le chef du Bloc Québécois, par les Canadiens de l'extérieur du Québec pendant la maladie qui a mis sa vie en danger : abhorrer le rêve politique de l'homme ne signifie pas nécessairement abhorrer l'homme. Ce sont des valeurs comme celle-là—la reconnaissance que l'être humain vaut davantage que le principe politique—qui font le tissu d'une société. On objectera qu'une telle attitude n'est pas l'exclusivité du Canada, et c'est vrai. Mais on ne la trouve pas dans *toutes* les sociétés et j'aimerais suggérer que le fait qu'elle soit partagée par d'autres ne la rend pas moins canadienne.

Un aperçu de la terre avant l'histoire.

Un feu de camp qui flamboie dans la nuit sous un ciel constellé de plus d'étoiles que l'esprit n'en peut concevoir : on se dit que c'est la façon qu'a la nature de ramener l'imagination humaine non pas au néant mais à une perspective plus exacte de la place qu'elle occupe dans un monde qui la dépasse. Comme le ciel des Prairies, peut-être, ou les sommets des Rocheuses, qui ont une façon bien à eux de dompter l'arrogance, d'imposer une modestie essentielle.

Là-haut, dans un ciel si vaste que l'esprit n'a plus de mots pour le décrire, un minuscule point lumineux fend rapidement la nuit étincelante—la trajectoire d'un satellite qui, d'une certaine façon, approfondit encore un silence qui est déjà aussi total, aussi infini que celui du monde primordial. On se sent seul malgré la présence des autres feux de camp allumés par des gens—anglophones, francophones—qui saluent d'un sourire, d'un signe de tête, d'un geste de la main : on n'a besoin de rien d'autre, on n'attend rien d'autre. Il suffit d'être là ensemble. L'expérience que nous partageons est au-delà des mots, des invitations ou des exigences habituelles des conventions sociales.

C'est l'écrivain Margaret Visser qui m'a fait remarquer que le camping—la meilleure façon de communiquer sans danger avec le monde naturel—peut être considéré à juste titre comme un rite canadien. Et un rite, rappelons-le, est la représentation physique de certaines valeurs. Être assis là, entre le feu de camp et la tente, dans la sécurité totale d'un parc national, c'est comprendre que le moi fait partie d'un tout plus grand que lui et miraculeux. C'est ressentir dans toute sa force, même l'espace d'un instant, une valeur sociale rarement reconnue comme telle, la modestie qui caractérise les Canadiens.

C'est le premier ministre canadien John Diefenbaker qui, pour protester contre l'apartheid lors de la rencontre des pays du Commonwealth de 1961, a fait ce qu'il fallait pour que l'Afrique du Sud soit expulsée de l'organisation.

Et c'est le premier ministre Brian Mulroney qui, bien des années plus tard, également lors d'une rencontre des pays du Commonwealth, s'est fait un ennemi de Margaret Thatcher, la première ministre britannique, en menant la bataille pour que des sanctions commerciales sévères soient imposées au gouvernement de Pretoria.

La lutte des Canadiens contre le racisme n'est peut-être pas parfaite—chez nous, par exemple, les attitudes envers les Noirs et les Asiatiques, et les conditions de vie dans de nombreuses réserves indiennes laissent à désirer—mais cela fait bien des décennies que le principe de la ségrégation raciale n'a plus la faveur du public de notre pays. Les gens continuent à se battre individuellement contre leur propre racisme et essaient de combler le fossé entre le cœur, à qui on a enseigné la méfiance raciste, et la raison, qui en a reconnu les méfaits.

Et pourtant...

Au moment même où l'apartheid glisse tout doucement vers les livres d'histoire, au moment même où l'Afrique du Sud, sous l'égide de Nelson Mandela, lutte pour mettre en place une société libre de toute ségrégation raciale, nous voyons le contraire se produire ici au Canada—au nom de l'égalité. En Ontario, on demande que les écoles séparées soient financées par les deniers publics. En Colombie-Britannique, une association de parents chinois se constitue. L'Union des écrivains du Canada finance une conférence organisée sur le principe de la ségrégation raciale et les différents gouvernements du pays appliquent des politiques de recrutement basées en partie sur la race. La liste est si longue que c'est décourageant.

Une chose étrange est donc en train d'arriver à cette valeur si longtemps préservée. Ce n'est pas tant qu'elle est en train de disparaître mais plutôt de se métamorphoser en une version laide d'elle-même avec la justification que les fondateurs de l'apartheid utilisaient autrefois pour défendre cet horrible système : que, d'une certaine façon, séparé peut aussi signifier égal. Les valeurs ne sont pas données une fois pour toutes. Elles évoluent avec la société. Elles vont et viennent. Mais il me semble que certaines méritent d'être retenues, et la valeur qui fait rêver d'une société basée non sur les différences mais sur l'égalité entre les races compte parmi les plus importantes.

Le fondateur de l'Association de parents chinois de Richmond, en Colombie-Britannique, a demandé récemment dans une entrevue : «C'est quoi, une valeur canadienne? Est-ce que quelqu'un peut me dire ce que c'est qu'une valeur canadienne?» Si on part du principe que les valeurs canadiennes n'existent pas, on reste aveugle à cette valeur anti-raciste qui a inspiré pendant longtemps les principes canadiens politiques et privés. Et on reste également aveugle aux conséquences que peut avoir une telle attitude.

La différence entre l'innocence et la naïveté n'est pas toujours évidente et pourtant la première peut être vue comme une qualité—comme dans l'innocence des enfants—alors que la seconde est considérée comme nocive et proche de la stupidité. L'innocence suppose une nature confiante alors que la naïveté est un signe de simplicité d'esprit.

C'est pourquoi je choisis le mot «innocence» pour décrire ce qui semble constituer une qualité canadienne solide et estimable. Une qualité si profondément enracinée, en fait, que j'irais jusqu'à l'appeler une *valeur* canadienne.

Réfléchissez par exemple à l'outrage ressenti par le public lors de la diffusion des vidéos du Régiment canadien aéroporté. Ce que montraient ces vidéos, c'était des brutes en action qui se trouvaient être des Canadiens.

Pour quiconque a vu la superbe série documentaire de Gwynne Dyer intitulée *War*, les comportements que nous avons vus sur nos écrans de télévision étaient affligeants mais pas tellement surprenants.

La raison pour laquelle cela nous a affligés, c'est que ce n'est pas comme ça que nous nous voyons. Nous croyons à notre image bien nette de gens comme il faut. Et même si nous savons que l'armée n'est pas une école de boy-scouts, même si nous savons que le but ultime de la formation militaire est de produire des tueurs efficaces, nous continuons à vouloir qu'ils nous renvoient l'image que nous avons de nous-mêmes : nous voulons que nos tueurs soient nets, polis et bien élevés.

On m'a suggéré à l'époque que cette réaction outragée témoignait simplement de la profonde naïveté du public canadien. Après réflexion, je suis tombé d'accord, mais j'ai proposé le mot «innocence» au lieu de «naïveté». Et je n'y voyais pas une condamnation. J'y voyais plutôt une innocence sympathique, preuve réconfortante du sérieux de notre attachement à nos idées sur le bien. J'y voyais une confirmation de notre idéalisme.

Il y a cinq ou six ans, ma compagne et moi sommes allés en vacances en France. Un matin que nous nous promenions dans la ville de Nice, nous avons aperçu, dans une rue déserte, deux billets de cinq cents francs (environ deux cent cinquante dollars en tout) qui étaient tombés l'un sur le trottoir et l'autre sous une voiture. Nous avons immédiatement imaginé quelque retraité au désespoir et nous sommes entrés dans une banque voisine dans l'espoir que la perte avait été signalée par l'un des clients.

Nous nous sommes heurtés à une incrédulité totale. Personne n'avait déclaré avoir perdu de l'argent. Nous pouvions aller porter les billets à la police mais pourquoi? Si la perte n'était pas déclarée, l'argent finirait par nous revenir—mais nous étions des touristes et nous serions partis depuis longtemps quand la période d'attente aurait expiré… Le ton de voix disait implicitement : «Mais voyons donc, ne soyez pas stupides». Tandis que nous restions là maladroits, les billets à la main, les gens nous ont demandé d'où nous venions et, quand on leur a répondu, ils ont murmuré : «Ah, les gentils Canadiens…» sur un ton qui disait qu'un jugement avait été porté, que des conclusions avaient été tirées. Le ton de condescendance était subtil mais indubitable, comme des gens raffinés de la grande ville qui apprennent à leurs petits frères naïfs comment se comporter dans le monde. On savait qu'une histoire allait circuler sur les Canadiens innocents. On savait qu'on allait faire rire. Et cependant, pour une fois, la condescendance ne nous est pas restée sur le cœur. Car, en fin de compte, ce n'était pas une mauvaise image à laisser derrière soi.

Nous sommes partis et nous nous sentions un peu bêtes, un peu coupables—et moi j'étais heureux d'être un Canadien innocent dans un monde qui ne sait pas faire la différence entre honnêteté et naïveté.

Innocence, naïveté, on peut appeler ça comme on veut, mais abandonner cette qualité, ce serait abdiquer notre idéalisme essentiel. Or il semble par moments que ce soit le danger qui nous guette. Les signes sont là : chez ceux, par exemple, qui voudraient séparer le Québec du reste du Canada, ou qui, par lassitude ou par manque de vision, laisseraient le Québec se séparer du Canada; dans le fait que nous sommes prêts, de plus en plus, à sacrifier les plus malheureux d'entre nous au nom de la responsabilité fiscale; et dans cette capacité que nous avons de nous émerveiller devant la multiplicité des langues sur les boîtes de céréales européennes tout en rageant contre l'autre langue officielle imprimée sur les nôtres.

Principes, valeurs, croyances, autant de grands mots

faciles à agiter. Les politiciens et les philosophes croient que ce sont eux qui leur donnent du poids mais c'est rarement le cas. Ils ne font que révéler le poids dont le public les a déjà investis. Et ce sont nos petites actions qui leur donnent du poids, leur confèrent un sens : et cela fait de nous un peuple, anglophone et francophone, cela nous donne une personnalité spécifique qui n'est pas toujours facile à percevoir mais qui est là pourtant, qui nous façonne et qui est façonnée par nous, dans un acte de création mutuelle et continue.

Le Canada a toujours été un acte de foi—et les actes de foi sont le fruit de l'idéalisme. Abandonner notre innocence, c'est abdiquer notre idéalisme, c'est renoncer à nous-mêmes. C'est nous raccourcir la vue de façon à ne plus voir le ciel tout entier mais seulement des morceaux de ciel.

❧

Neil Bissoondath est un romancier canadien.

Traduit par Claude Gillard

Canada— mort par indifférence?

Lewis W. MacKenzie,
MSC, CD
Major-Général (retraité)

C'ÉTAIT dans la matinée du 5 août 1992. Un simple coup d'œil en diagonale à la première page du quotidien d'Ottawa et soudainement j'ai été envahi par une vive émotion. Sous le choc, les larmes me sont montées aux yeux et les manchettes du journal se sont brouillées devant mes yeux. Désorienté, j'ai tourné dans une rue latérale pour éviter la circulation des piétons de l'heure de pointe du matin et retourner chez moi dans le quartier Glebe.

Je n'ai réalisé la cause de cet accès d'émotion que de retour chez moi, cinq minutes plus tard, lorsque j'ai de nouveau jeté un coup d'œil à la première page du journal.

J'étais revenu à Ottawa tard la veille dans la soirée, destination finale d'un voyage qui avait commencé à Sarajevo trois jours plus tôt. Pendant cinq mois j'avais eu devant les yeux un pays en proie à la folie de l'autodestruction. Quatre républiques yougoslaves, qui sont l'équivalent de nos provinces, avaient déclaré leur indépendance unilatéralement. Elles sont allées de l'avant, malgré les objections d'un certain nombre de leurs minorités importantes et c'est alors que la tuerie entre voisins à commencé afin que chaque minorité puisse se tailler même la plus infime des parcelles de territoire «ethniquement pure». Il faut ajouter que cela se passait dans un pays envié auparavant pour sa tolérance éthnique. Il y avait donc fort à parier que si de tels faits pouvaient se produire en Yougoslavie, cela pourrait aussi se produire n'importe où dans le monde.

Étant habitué aux tueries des guerres civiles et à la misère que cela engendre pour des milliers de victimes innocentes, je fus choqué de trouver en première page d'un quotidien canadien réputé les plaintes et récriminations d'une population complaisante et relativement aisée: la TPS, l'économie souterraine, les grèves, les tarifs postaux, et le mauvais temps prévu pour la fin de semaine, et cetera, et cetera, jusqu'à plus soif.

J'en conviens avec vous, pour ou contre la TPS pouvait être une question importante au Canada à cette époque-là, mais par rapport à cette mère de Sarajevo qui a vu sa fille tuée d'une balle dans la tête par un tireur embusqué sur le chemin de ce qui servait d'école de fortune, cette question devenait plutôt insignifiante et peu digne de la première page d'un quotidien dans la capitale d'une nation qui a tant à offrir à la communauté internationale.

Lorsqu'un pays n'importe où dans le monde a un problème de sécurité grave et qu'il doit faire face à l'humiliation de demander à une tierce partie d'intervenir, normalement c'est à l'Organisation des Nations unies qu'il s'adresse. L'ONU, à son tour, permet habituellement au pays en difficulté de participer au choix des pays qui seront retenus pour fournir le personnel militaire qui sera appelé à opérer à l'intérieur de ses frontières revêtu du célèbre «casque bleu».

Sur les cent quatre-vingt-cinq nations qui sont représentées à l'ONU, un pays en crise dispose d'un vaste choix pour recommander les forces armées des nations étrangères dont il souhaiterait voir opérer sur son territoire souverain. Or, à la fin du processus d'évaluation, le Canada est toujours sur la liste des pays acceptables et souhaitables pour contribuer à l'envoi de forces de maintien de la paix pour toutes les raisons suivantes :

- Aucune ambition territoriale. Nous avons du mal à garder notre propre territoire; le cadet de nos soucis est de l'agrandir!

- Aucun passé colonial (sauf le fait d'avoir été deux colonies nous-mêmes). Nous n'avons jamais été sur un territoire étranger pour y planter notre drapeau et déclarer que le territoire d'autrui désormais nous appartenait.

- Une aide et une politique extérieures équilibrées. Bien que cela fasse l'objet de critiques constantes chez nous, vu de l'extérieur, comme je l'ai constaté au cours des quinze dernières années, le Canada est perçu comme un pays juste et généreux. Nous n'humilions ni les gens, ni les pays lorsque nous leur apportons notre aide. Nombreuses sont les nations qui ne se privent pas de se mettre en vedette et proclament leur générosité lorsqu'ils viennent en aide aux autres. Ce n'est pas le cas du Canada—nous sommes plutôt du genre à passer notre contribution discrètement sous la table et à chuchoter à l'oreille de celui qui la reçoit : «c'est de la part du Canada, profitez-en!» C'est là une attitude caractéristique fabuleuse.

- Tolérance. Croyez-le ou non, nous sommes considérés comme une nation tolérante. En fait, nous sommes peut-être la nation la plus tolérante du monde; toutefois, notre obsession d'être parfaits nous incite à nous juger trop sévèrement nous-mêmes lorsqu'il s'agit d'évaluer notre succès dans un monde d'intolérance.

- Des soldats exemplaires. Il n'y a pas une autre nation au monde qui puisse égaler la réputation exemplaire du Canada pour les opérations collectives et de maintien de la paix en faveur de l'ONU. Les quarante-huit années de service international irréprochable n'ont été ternies en aucune façon par un seul événement tragique en Somalie en 1992. D'ailleurs, au cours de mes trois visites à Belet Huen en 1992 et en 1994, les leaders locaux, la police et même le père du jeune somalien qui a été tué ont prié les Canadiens de rester en 1992 et de revenir en 1994. Ce type de contribution dans le monde ne va pas sans un prix à payer. Ainsi, une centaine de militaires canadiens ont déjà donné leur vie pour le maintien de la paix.

En fin de compte, lorsque tous ces facteurs ont été considérés, le Canada arrive toujours au premier rang ou parmi les premiers des pays les plus indiqués pour aider les autres. Ce n'est pas parce que les pays qui ont besoin d'aide nous aiment ou, même dans certains cas, parce qu'ils nous respectent, mais parce que, comparés aux autres cent quatre-vingt-quatre pays membres de l'ONU, nous sommes jugés les plus capables de rassembler une force de maintien de la paix. C'est un mal pour un bien, pourrait-on dire. Toutefois nous devrions être fiers des motifs qui motivent ce choix et penser deux fois avant de réduire notre engagement envers l'ONU. Le maintien de la paix, plus que toute autre politique, est notre façon d'exporter nos valeurs à l'étranger afin que d'autres puissent voir de quoi nous sommes capables et juger par eux-mêmes notre nation.

Les soldats canadiens qui assurent ce maintien de la paix, toujours en nombre croissant, dans les régions du monde les plus dangereuses, constituent un microcosme du Canada à l'étranger sans frontières provinciales. Pour mon compte, l'armée représente un niveau d'énergie pouvant résulter du travail en commun des peuples fondateurs du Canada pour atteindre le même objectif et cela m'a été prouvé on ne peut plus clairement le 20 juillet 1992.

L'aéroport de Sarajevo avait été ouvert aux vols humanitaires par intermittence depuis le 1er juillet. Nous recevions environ deux cents tonnes de vivres chaque jour et leur distribution s'effectuait, dans l'enceinte de Sarajevo et autour de la ville, à la population qui était en majorité musulmane.

La sécurité de l'aéroport était essentiellement assurée par le premier bataillon du 22e Régiment Royal, les fameux «Van Doos», sous le commandement du Lieutenant-colonel Michel Jones. Ils étaient arrivés à Sarajevo venant de Croatie le 2 juillet. Ainsi, Michel, selon les normes canadiennes, avait sous ses ordres un bataillon relativement important avec un effectif de plus de huit cents hommes et femmes. Il disposait de deux imposantes compagnies de fusiliers avec un effectif de plus de deux cent cinquante soldats chacune. En raison d'une pénurie de personnel lors de la mise sur pied de son bataillon, sur la base canadienne de l'OTAN en Allemagne, en vue de son déploiement en Yougoslavie, l'une des compagnies de fusiliers était composée exclusive-ment de membres du Régiment Canadien Royal (RCR). C'est ainsi que nous avions un mini-Canada avec le pour-centage linguistique renversé—soixante-six pour cent du bataillon étaient des Van Doos francophones et trente-quatre pour cent, des membres du RCR anglophone.

Après environ deux semaines de distribution de vivres à la population de Sarajevo, je commençais à être inquiet au sujet de notre capacité à maintenir la perception d'im-partialité imposée par le mandat que nous avait donné le Conseil de Sécurité de l'ONU. Nous étions maîtres de l'aéroport et nous le faisions fonctionner uniquement parce que les Serbes de Bosnie nous permettaient de le faire, et cependant toute l'aide humanitaire était destinée à leur ennemi, les Musulmans de Bosnie, les principales victimes dans cette zone.

Il y avait des poches de territoire dans Sarajevo et autour de la ville où se trouvaient isolés des Serbes de

Bosnie et où les vivres faisaient défaut. Pour tenter de renforcer notre impartialité, j'ordonnai à Michel de prendre les mesures en vue d'assurer la distribution de vivres dans une enclave de Serbes de Bosnie située au sud de la ville. Il assigna à son tour cette mission à la compagnie du RCR sous les ordres du Major Peter Devlin.

Une patrouille de reconnaissance composée de quatre véhicules de transport de troupes blindés canadiens et de trois jeeps fût envoyée dans la matinée du 20 juillet pour reconnaître l'itinéraire dans la seule zone occupée par les Serbes et pour établir le contact avec l'agence d'aide humanitaire Serbe qui assumerait la responsabilité de la distribution de l'aide. Mais, dès que les véhicules eurent traversé la rivière Miljacka, qui traverse Sarajevo d'ouest en est, ils ont été interceptés par les forces du gouvernement bosniaque, encerclés et maintenus sous la menace d'armes à feu. Des armes anti-char ont été braquées à bout portant sur chaque véhicule canadien. Les soldats du RCR ont armé et pointé leurs armes prêts à se défendre. Au cours de l'heure qui suivit, un suspense digne d'un face à face de western se développa, pendant que le Major John Collins, à partir du quartier général de Michel, s'efforçait de négocier un réglement auprès de la présidence bosniaque avec le ministre de la Défense.

J'ai eu connaissance de l'incident environ une heure après l'interception de nos soldats par les Bosniaques. Je me suis rendu immédiatement à la présidence et j'ai été estomaqué d'apprendre que le ministre de la Défense nous accusait de vouloir passer en fraude des «armes et munitions yougoslaves» aux Serbes de Bosnie. Bien entendu je rejetai cette accusation de but en blanc et je l'invitai à m'accompagner pour inspecter en personne les véhicules avec moi sur les lieux mêmes de l'impasse.

Le ministre ne fut pas dupe, il savait bien que l'incident était localisé vraiment très près des lignes de confrontation. Avec raison, il estima que ce serait dangereux pour lui de s'aventurer si près des tireurs embusqués des Serbes de Bosnie, aussi il envoya son adjoint!

Le Major Collins accompagna la délégation du ministre sur les lieux, le ministre et moi-même demeurant face à face dans son bureau. (Je priais en silence que personne à Ottawa n'ait eu la malencontreuse idée d'acheter des munitions provenant de Yougoslavie pour notre régiment au cours des derniers quatre ans.)

Le Major Collins et le représentant du ministre sont revenus après environ une demi-heure pour déclarer, à mon grand soulagement, que toutes les munitions sur les véhicules étaient fabriquées au Canada sauf notre armement léger anti-chars fabriqué aux États-Unis. Il n'y avait rien de fabriqué en Yougoslavie et, de plus, la dotation en munitions dans chacun de nos véhicules ne dépassait pas celle assignée à un véhicule canadien en mission opérationnelle.

Une mauvaise situation avait donc été évitée, mais seulement après que les vies de nos vingt soldats canadiens aient été exposées à un risque très sérieux. Après avoir exprimé ma colère et ma frustration au ministre qui faisait grise mine, je me fis une raison et je retournai à mon quartier général à quelques kilomètres de là. C'est là en fait que je découvris le Canada que nous ne devons laisser nous échapper à aucun prix.

Le terrain de stationnement situé derrière l'édifice du quartier général était bloqué par des véhicules blindés et fourmillait avec des douzaines de soldats en tenue de combat complète—tous des Van Doos.

Pendant les négociations à la présidence, le mot avait été donné parmi les Van Doos qu'une mission de secours pourrait être nécessaire. Le groupe du RCR détenu par les Bosniaques n'était pas en mesure de se sortir de la situation par la force. Par conséquent, au quartier général on envisageait l'option, extrêmement dangereuse, d'envoyer une importante unité tactique pour assurer la jonction avec le groupe du RCR, pour le renforcer ou pour le sortir de l'impasse.

En entendant que leurs collègues du RCR étaient en danger, les Van Doos se bousculaient pour faire partie de l'unité de secours. La concurrence pour faire partie de l'opération de secours était si intense que les humeurs étaient encore à la limite de perdre patience lorsque je revins avec les nouvelles que la situation d'urgence avait été désamorcée.

Bien entendu, les sceptiques diront que les soldats, en bons militaires, voulaient seulement être impliqués dans un accrochage sérieux, ou même que les Van Doos souhaitaient seulement pouvoir se vanter d'avoir participé à une opération de secours réussie. Je ne peux accepter de telles spéculations, premièrement parce que c'est tout à fait naturel que plus un soldat est proche de la probabilité d'une blessure grave ou de perdre sa vie, plus il devient sélectif lorsqu'il s'agit de se porter volontaire pour quoi que ce soit! Il s'agissait, en l'occurrence, d'une opération très dangereuse, et chaque soldat en était conscient avant de se porter volontaire.

Ce qu'il m'a été donné de constater cet après-midi là du mois de juillet, dans un des trous infernaux du monde, c'est que la synergie des Canadiens était reflétée par l'un de ses joyaux nationaux, les Van Doos. En ce moment unique dans le temps, face au danger commun, un bataillon d'infanterie Canadien français avec une composante anglophone importante avait pris une dimension autre que celle de la somme de ses différentes parties. Ce bataillon affichait une énergie et un dévouement visant un seul objectif et il aurait fait bien des dégâts contre n'importe quel adversaire. Bien qu'en infériorité numérique, au moins cent contre un, ils auraient sans doute mené à bien l'opération de secours. J'ai mes doutes quant à savoir si un bataillon exclusivement composé d'anglophones ou de francophones m'aurait inspiré le même niveau de confiance!

Le Canada, tout comme le bataillon de Van Doos à Sarajevo, est tellement plus complexe que la seule somme de ses différentes parties. Lorsque chaque jour on me rappelle que l'une des composantes les plus importantes de notre population envisage de se séparer de l'ensemble du pays pour faire son chemin de son côté, je crains fort que la synergie Canadienne spéciale dont je parlais plus tôt disparaisse dans le processus—et un tel départ ne peut que laisser le pays affaibli.

Il a été déclaré que le Canada est la destination la plus populaire pour les réfugiés en raison de «l'approche douce» de l'accueil qui est considéré comme un simple arrêt sur le chemin des États-Unis. Je suis désolé, mais je ne souscris pas non plus à ces théories-là. Au cours de mes trente trois années de carrière dans l'uniforme de Sa Majesté la reine, j'ai vécu et servi dans dix-sept pays différents, dont la majorité étaient en proie à des sérieuses difficultés, sinon carrément en guerre. Les citoyens de ces pays parlaient tous du Canada comme s'il s'agissait d'un paradis situé à part dans une région tranquille du monde. Il n'était pas décrit comme une espèce d'Eldorado mais plutôt comme un endroit où l'on pouvait constater que la vraie liberté existe—la liberté d'exprimer ses sentiments et ses opinions politiques, celle de pratiquer n'importe quelle religion, et même la liberté d'être tout à fait différent des autres, si c'était votre choix. (Avec quelques difficultés, j'ai toujours résisté à la tentation d'être typiquement Canadien et d'expliquer qu'en réalité nous n'étions pas si parfaits que cela avant de m'excuser pour nos points forts.) En seconde position tout de suite après la liberté, sur la liste de nos points forts tels que perçus par des étrangers, on trouve la tolérance. Nous ne l'appliquons peut-être pas de façon parfaite mais nous soutenons très aisément la comparaison, à ce sujet, avec *toute* autre nation dans le monde souhaitée comme refuge par de nombreuses personnes. Certes la perfection peut nous échapper, mais personne n'est en mesure de nous donner des leçons en matière de tolérance y compris même l'ONU, qui de temps à autre essaye malgré tout.

Les gens souhaitent venir dans notre pays en raison de ce que nous sommes en tant que nation, de ce que nous représentons et des valeurs que nous défendons. Soyons honnêtes, il faudrait bien plus que la promesse d'un salaire minimum pour inciter quelqu'un à quitter un climat tropical pour s'aventurer dans le nord et l'hiver Canadien. Mais que l'on fasse briller l'espoir de la liberté et soudainement, les trente degrés Celsius au-dessous de zéro semblent tout à fait supportables.

Durant des années je me suis demandé pourquoi nous sommes aussi complaisants au sujet de nos points forts. Peut-être sommes nous un peu comme cet enfant de gens riches trop gâté qui n'a pas la même motivation que l'enfant pauvre pour faire un plus grand effort et parvenir à l'excellence. Peut-être que tout nous vient plus facilement. C'est un peu comme grimper à un arbre très haut—avec un grand filet de sécurité au-dessous pour nous recevoir en cas de chute. Si la conjoncture économique devient vraiment mauvaise, il nous suffit de produire un peu plus de matières premières; si notre pays est menacé, les Américains vont bien nous défendre; si le Québec s'en va, on va survivre…

Il est grand temps de nous arrêter de justifier notre indifférence. Le filet de sécurité qui est sous l'arbre pourrait bien être dérobé pendant un moment d'inattention de notre part et nous pourrions ainsi subir des blessures graves, à moins que nous ne consacrions notre énergie à maintenir ce pays intact—non seulement jusqu'au prochain référendum, mais pour toujours.

Un illustre inconnu a déclaré que «le Canada est l'empire pacifique où les gens viennent pour éviter la responsabilité d'une destinée nationale.» Je rejette de tout cœur une telle notion. Dans un monde qui s'efforce de trouver sa voie après la Guerre froide, nous avons en tant que nation un rôle à jouer, un rôle qui est certes hors de proportion avec notre population et notre économie. Nous avons l'obligation de fournir un exemple de liberté et de tolérance. Nous devons continuer à aider ceux qui ont moins de ressources que nous. C'est là notre destinée.

La complaisance et le confort sont nos ennemis. Deux semaines après mon retour de Sarajevo, la première page du même quotidien ne me dérangeait plus désormais. «Je m'y étais fait.» Quel dommage!

Nous ne devons pas sous-estimer les avantages que Dieu nous a accordés en tant que nation au point de nous en laisser dépouiller dans notre sommeil. Quelle tragédie, si cela devait être ce que le Canada avait à léguer à un monde qui en ce moment, et à juste titre, nous envie une telle richesse. Nous pouvons faire mieux que cela—c'est notre devoir.

❧

Le Major général (retraité) Lewis W. MacKenzie, MSC, CD, était commandant en chef des forces des Nations unies à Sarajevo.

Traduit par Julien Marquis

Des partenaires consentants : les Cris de la Baie James, la séccession du Québec et le Canada

Matthew Coon Come

QUELQUE chose d'inhabituel est en train de se passer au Canada.

Le Québec va tenir un référendum sur la séparation du Canada. Et les Cris de la Baie James ont déclaré que notre consentement est nécessaire si nous et nos territoires devons faire partie d'un Québec indépendant. Nous avons déclaré aussi qu'il se peut que nous décidions de demeurer au sein du Canada.

Mais peut-être ma contribution à ce livre est-elle aussi un signe que le Canada souhaite que les peuples autochtones participent à ses affaires, à ses travaux. Peut-être l'existence des peuples autochtones du Canada a-t-elle bel et bien été découverte.

L'an dernier après avoir prononcé deux discours à Washington au sujet des questions qui nous préoccupent, j'ai été critiqué par les séparatistes pour avoir prononcé un discours aux États-Unis, pour m'être prononcé à l'extérieur du Québec. J'ai été étonné de ces critiques parce que M. Lucien Bouchard venait de faire exactement la même chose, devant le même auditoire, quelques semaines auparavant.

J'ai souligné le système de deux poids, deux mesures qui consistait à prétendre que les leaders québécois peuvent s'exprimer aux États-Unis, alors que nous sommes critiqués lorsque nous le faisons. J'ai indiqué que si le Canada est divisible, il s'ensuit que le Québec doit l'être aussi. J'ai fait remarquer que si une province, le Québec, a le droit de déterminer son avenir, alors il s'ensuit que les Cris, un peuple qui habite le territoire depuis des milliers d'années, ont aussi ce droit.

J'ai demandé quelle pouvait être l'explication de pareilles doubles normes. Je n'ai pu obtenir aucune explication autre que le fait que nous, les Cris, sommes des

Indiens. Le premier ministre Parizeau a réagi immédiatement. Il a dit aux Québécois que puisqu'il les représente
tous, si je le traitais, lui, de raciste—ce que je n'ai jamais
fait—je traitais tous les Québécois de racistes. Le tollé a
duré des semaines jusqu'à ce que les gens aient eu l'occasion de lire ce que j'avais vraiment dit.

J'ai été élu par mon peuple pour affirmer et pour
défendre les droits des Cris. En exécutant mon mandat,
je n'attaque ni le Québec, ni les gens qui y vivent. Les
Cris comprennent et respectent les aspirations culturelles
et politiques des Québécois, du moins en ce qui a trait
aux territoires qui leur appartiennent de façon légitime.
Mais nous ne pouvons pas accepter que l'on nie notre
statut et nos droits. Une majorité de Québécois appuient
le droit des peuples autochtones du Québec de faire leur
propre choix si une majorité de Québécois décidait de se
séparer du Canada.

Nous, les Cris, habitons la région de la Baie James
depuis la dernière époque glaciaire. Nous nous sommes
toujours identifiés comme un peuple ayant en commun
une langue, des lois, des croyances, et un même système
d'occupation du territoire et une même façon de nous
gouverner.

Nous, les Cris, avons nommé notre territoire—*Eenou
Astchee*—bien avant que le Canada ou les États-Unis
n'existent. Nous pratiquons la chasse, la pêche, la trappe,
le long de ses vallées, de ses collines, de ses côtes et de ses
cours d'eau. Le territoire subvient à ce jour à la majorité
de nos besoins.

Le 2 mai 1670, le roi Charles II d'Angleterre signa
son nom sur un bout de papier et «fit don» d'une grande
partie de ce qu'on appelle aujourd'hui le Canada à la
Compagnie de la Baie d'Hudson. Il nomma ces territoires—qui comprenaient les nôtres—en l'honneur de
son cousin, le prince Rupert. Les véritables propriétaires

et occupants de ces terres, les Cris, les Inuit et les autres peuples autochtones, ne furent ni consultés ni même informés de ces agissements.

Puis deux cents ans plus tard en 1870, un autre monarque britannique annexa ce territoire au Canada, qui était devenu un pays trois ans plus tôt. Là encore nous ne fûmes ni consultés ni même informés. Puis en 1898 et en 1912, la «Terre de Rupert», ainsi qu'on l'appelait, fut divisée et cette fois, annexée aux provinces canadiennes du Manitoba, de l'Ontario et du Québec. Une fois de plus, nous ne fûmes ni consultés ni informés.

Personne ne nous en souffla mot pendant les soixante ans qui suivirent. Puis en 1971, les travaux commencèrent en vue du «projet du siècle» d'Hydro-Québec, et les bulldozers et les bâtisseurs de barrages firent irruption à la Baie James. Encore une fois, personne ne nous parla des plans qu'ils avaient élaborés pour nous et pour nos territoires.

Aujourd'hui, dans le contexte d'un autre projet concernant les Cris et nos territoires, je prends la parole pour défendre nos droits. *Aucune annexation de nos personnes ni de nos territoires à un Québec indépendant ne se fera sans notre consentement.*

Il y a là une logique évidente et indéniable : si le Québec a le droit de quitter le Canada, il s'ensuit que le peuple cri a le droit de garder son territoire au sein du Canada, si nous le choisissons. Nous ne nous laisserons pas échanger d'un pays à un autre comme si nous n'étions que du bétail dans un champ. C'est peut-être ainsi que les choses se sont passées aux dix-septième et même au début du vingtième siècles. Mais tous les peuples ont le droit de déterminer leur avenir, et de garder leur nationalité. Ce sont là des droits humains fondamentaux acceptés à l'échelle internationale, et je n'ai même pas encore abordé la question de nos droits dans le contexte de la Constitution canadienne.

Considérons les faits suivants : le territoire cri est contigu aux Territoires du Nord-Ouest, à l'Ontario et au Labrador. Il a été rajouté au Québec très tard, en 1912 seulement, et le Québec n'a commencé à administrer le territoire qu'en 1963. En fait en 1993, le gouvernement du Québec a tenu des célébrations pour marquer «trente ans dans le Nord». J'ai pris la parole à l'Assemblée nationale à cette occasion et j'ai rappelé que même un homme aussi jeune que je l'étais alors avait vécu dans le Nord plus longtemps que le gouvernement du Québec.

Et là les doubles normes se multiplient : «le territoire du Québec, nous dit-on, est indivisible». «Nous n'accepterons jamais, disent les séparatistes, aucune modification des frontières du Québec. Tout le territoire du Québec est sacré.» «L'intégrité territoriale du Québec, répète-t-on, est protégée par la Constitution canadienne et, après l'indépendance, par le droit international.»

Nous posons la question : que fait-on des droits des Cris? Comment un territoire peut-il être «sacré» quand un gouvernement n'y est présent que depuis trente ans? Que fait-on de nos arrière-arrière-arrière grands-parents qui sont enterrés dans *Eenou Astchee*? Comment un territoire peut-il être sacré quand le principal intérêt n'est pas de vivre sur le territoire, mais seulement d'inonder ses vallées, de détourner ses rivières et d'épuiser ses ressources naturelles? Que fait-on de l'intégrité territoriale des Cris, des droits des Cris sur le territoire où nous vivons depuis toujours, et où nous et les Inuit sommes encore les seuls habitants permanents?

Nous, les Cris, nous ne pensons pas que les frontières soient sacrées. Nous faisons partie du territoire. Il n'existe pas d'autre endroit au monde où tout, chaque colline, chaque ruisseau, chaque embranchement de rivière, possède un nom en cri. *Eenou Astchee* est le centre de la civilisation crie, et il est inconcevable que nous puissions cesser d'en prendre soin.

Les mots «civilisation crie» étonneront peut-être. Les peuples autochtones ne sont pas censés être civilisés, ni être pourvus de sociétés organisées et de gouvernements. Cette façon de voir veut que les peuples autochtones errent sur le territoire comme des caribous sauvages, sans but ni dessein, ou du moins sans un motif qui pourrait leur conférer des droits de souveraineté, de contrôle ou de propriété.

Lorsque le Québec entreprit les travaux en vue de son projet hydro-électrique à la Baie James en 1971, le gouvernement ne prit pas la peine d'envoyer ne serait-ce qu'une lettre à notre intention. Quand nous avons manifesté des objections et tenté de les faire valoir devant les tribunaux, le gouvernement du Québec a prétendu que nous n'avions pas de droits, que nous étions des «squatters» sur nos propres terres.

Nous sommes allés en cour, et nous avons obtenu une décision historique de la Cour Supérieure du Québec concernant nos droits. Mais la plus haute cour du Québec, a débouté notre cause. Les honorables juges de la Cour d'Appel du Québec ont décidé que tous les droits que nous avions pu avoir sur nos terres avaient été abolis quand le roi Charles en avait fait don au prince Rupert au dix-septième siècle!

Pour sa part le Canada, dans les années soixante-dix, a adopté une position officielle de «neutralité alerte». À ce jour, nous ne comprenons pas en quoi la position du Canada était compatible avec le haut degré de loyauté que l'on est en droit d'attendre d'un fiduciaire.

Ironiquement, la Cour Suprême du Canada a déclaré dans le jugement *Sparrow* en 1990 que le projet hydro-électrique de la Baie James avait été «initié sans égard pour les droits des Indiens qui y vivaient, bien que ceux-ci fussent expressément protégés par un instrument constitutionnel». Mais cette déclaration venait trop tard pour les Cris. Nous avions déjà signé l'Entente de la Baie James et du Nord du Québec en 1975. Nous avions signé sous la contrainte des bulldozers, sous la contrainte des jugements des tribunaux québécois qui nous qualifiaient de squatters sur notre territoire dépourvus de droits, et d'un gouvernement fédéral qui s'était contenté d'observer silencieusement, fidèle à sa consigne de neutralité alerte.

Peu de choses semblent avoir changé depuis vingt ans. Le Québec continue de nier nos droits, et le gouvernement fédéral continue de garder le silence.

C'est à cette disparité concernant nos droits que tient le conflit entre nos civilisations, c'est dans cette optique que les droits autochtones sont toujours tenus pour inférieurs à toutes les autres revendications. Je me pose la question : ce déni de nos droits est-il basé sur l'ignorance de notre culture et de notre civilisation, ou est-ce simplement la manifestation à l'état brut de la supériorité du pouvoir et du nombre?

Je ne le sais pas. Nous avons l'impression que le leadership séparatiste cherche à éviter de répondre directement, par des arguments logiques ou juridiques, à la substance de nos arguments. Au lieu de cela, on préfère ridiculiser nos affirmations, minimiser notre importance dans le débat et nier la pertinence de notre position.

On nous accuse également d'être les marionnettes d'Ottawa, d'avoir conclu une entente quelconque avec le Canada pour brimer les droits des Québécois. Mais partout où je vais au Québec, je rencontre des Québécois ordinaires qui appuient nos droits. Les gens ordinaires semblent comprendre qu'on ne peut pas revendiquer pour soi-même des droits tout en refusant de les reconnaître à d'autres.

Il n'en va pas de même pour l'élite séparatiste. Comme nous a dit un élu de haut niveau et membre du gouvernement du Québec quand M. Parizeau est revenu de la France : si les Québécois votent «oui» au référendum et que la France reconnaît le Québec, ce que vous, les Cris, penserez, direz et ferez n'aura tout simplement pas d'importance. Quand au référendum des Cris, M. Parizeau a déclaré qu'il ne serait pas légitime parce que «seuls les gouvernements peuvent tenir des référendums».

Les séparatistes font constamment référence à une résolution de l'Assemblée nationale de 1985 qui reconnait l'existence de onze nations autochtones au Québec. Mais elle ne va pas plus loin. M. Parizeau emploie le mot «nation» comme un outil de relations publiques. Mais il dit et fait des choses qui constituent un déni des droits qui découlent de notre statut de Première nation, par exemple lorsqu'il refuse de reconnaître la légitimité de notre référendum.

Sans le moindre souci de cohérence, le leadership séparatiste prétend également que l'objectif secret et ultime des Cris est de se séparer du Canada. Les porte-paroles du Parti Québécois clament actuellement de toutes les tribunes que toute reconnaissance d'un droit de consentement des Cris créerait un précédent dangereux que les peuples autochtones du Canada, du Mexique, du Pérou, et de l'Australie pourraient utiliser pour déclarer leur indépendance et démembrer des états existants!

Il devrait tomber sous le sens que nous ne sommes pas des séparatistes. Vous n'avez jamais entendu parler d'un mouvement indépendantiste cri pour la bonne raison qu'il n'existe pas de mouvement indépendantiste cri. Nous avons certes de sérieux griefs contre le gouvernement du Canada. Nos rapports nécessitent des réformes profondes. Mais nous ne sommes pas des séparatistes.

Ni le Canada ni le Québec n'ont respecté, ni pleinement appliqué le traité que nous avons conclu avec eux, l'Entente de la Baie James et du Nord du Québec. Nos relations sont souvent mauvaises et inutilement empreintes d'esprit de confrontation. Nous sommes exclus du processus décisionnel concernant notre territoire, nos cours d'eau et notre environnement. Notre territoire et nos ressources sont exploités de façon irresponsable, voire dévastatrice. Nous tirons bien peu profit de la richesse qu'ils produisent. Le Canada a failli à ses obligations de fournir des logements adéquats ainsi que le financement nécessaire aux opérations et à l'entretien de nos communautés. Nous faisons tout ce qui est en notre pouvoir, légalement et politiquement, pour changer la situation. Mais malgré tout cela, nous ne sommes pas pour autant des séparatistes.

Dans les communautés cries et sur les lignes de trappe cries, la vie continue. Notre mode de vie, basé sur la chasse, la pêche et la trappe, se poursuit malgré les coupes à blanc et les centaines de barrages et de digues qui détournent des rivières entières ainsi que leurs tributaires, et inondent notre territoire. Nous devons faire face à la contamination par le mercure, à l'exploitation minière à ciel ouvert, à la prolifération de routes, de dépotoirs, et à toutes ces choses qui menacent de mettre irrévocablement fin à la vie que nous avons connue depuis des milliers d'années.

Voilà ce que cela veut dire, d'être Cri dans le Nord du Québec. Nous avons l'impression d'être une lointaine colonie, sans contrôle sur nos affaires, sans droits, objets d'incompréhension et de ressentiment à cause de nos griefs constants et de notre supposée richesse.

Par l'Entente de la Baie James et du Nord du Québec, les Cris et les Inuit se sont engagés—pour le meilleur et pour le pire—dans une relation permanente avec le Canada et le Québec, à l'intérieur d'une structure fédérale-provinciale. Toutes les parties se sont entendues sur le fait qu'aucun changement, qu'aucune révision ne pouvaient être apportés au traité sans le consentement de tous les signataires. Il ne s'agit pas là d'un vieil arrangement poussiéreux : c'est le gouvernement péquiste de René Lévesque qui a entériné cette Entente par voie législative en 1977!

Cela étant dit, qu'est-ce que cela veut dire aujourd'hui, d'être un Indien dans le Nord du Québec? Je vais vous le dire : nous nous sentons trompés parce que ce traité, aussi inadéquat, inéquitable et injuste soit-il, n'a toujours pas été pleinement appliqué. Nous nous sentons trompés parce que ce traité, qui devait nous protéger et garantir nos droits au Canada et au Québec, n'a apparemment rien réglé du tout.

Le gouvernement du Québec a dit à la communauté internationale que suivant les régles de la succession d'état en droit international, il assumera tout simplement les obligations fédérales stipulées dans l'Entente de la Baie James. Chez nous au pays, par contre, le gouvernement du Québec déclare que notre traité n'est qu'une entente «interne», et que comme tel, il ne lierait en rien un Québec indépendant. Alors où, cette situation contradictoire laisse-t-elle les Cris?

Permettez-moi tout d'abord de dire clairement qu'un Québec indépendant ne serait pas en mesure de respecter l'Entente de la Baie James et du Nord du Québec, même s'il le voulait. L'Entente présuppose un régime fédéral et ne fonctionne qu'à l'intérieur d'un tel régime. Le Québec serait un état unitaire et serait incapable de reproduire ce régime gouvernemental, avec par exemple tous les recours et contrepoids inhérents à un tel système, la Cour Suprême du Canada, le Parlement fédéral et la législature provinciale, sans compter la responsabilité fiduciaire de la Couronne fédérale à notre endroit. Le fait même de la séparation du Québec enfreindrait fatalement l'Entente de la Baie James à moins que toutes les parties ne consentent à l'amender.

M. Parizeau et M. Bouchard proclament que par l'Entente les Cris ont renoncé à leurs droits dans le Nord du Québec. Cela revêt une telle importance à leurs yeux que le programme politique du PQ sur la sécession reproduit mot pour mot la clause concernant la supposée extinction de nos droits.

Ici trois problèmes se posent. Le premier est que l'extinction des droits autochtones est un concept discrédité, que les experts, les commissions et d'autres sont en train de reléguer—avec l'esclavage et l'apartheid—à un passé raciste et colonial.

Le deuxième problème est que ces leaders veulent choisir à leur guise, gardant les clauses qui leur plaisent, tout en répudiant les aspects fédéralistes des clauses du traité qui pourraient empêcher le Québec de déclarer unilatéralement son indépendance. Ils souhaitent ainsi nier que la relation consacrée dans notre traité est entre nous les Cris, le Canada et la province de Québec à l'intérieur du Canada, et non un autre pays indépendant.

Troisièmement, pendant les négociations, personne n'a demandé aux Cris de renoncer à leurs droits en tant que peuple. Ces choses ne furent jamais discutées, et ne font tout simplement pas partie de l'Entente. Elles comprennent notre droit fondamental à l'autodétermination, et notre relation avec la Couronne fédérale. Comment le gouvernement du Québec peut-il prétendre aujourd'hui que nous avons renoncé à ces droits?

Ceci mène directement à des questions importantes concernant les obligations constitutionnelles du Canada : quelle est la position du Canada, où se situe-t-il? Les réponses ne sont pas satisfaisantes.

Je trouve particulièrement décevant que ce pays, fondé sur les principes de «paix, ordre et bon gouvernement» et de la «primauté du droit» a jusqu'ici adopté une approche aussi molle à l'égard du statut et des droits des peuples autochtones du Québec.

J'ai été sidéré quand le ministre fédéral de la Justice a dit récemment que la situation au Québec était avant tout une «question politique» et que les considérations d'ordre juridique et constitutionnel n'étaient que de simples «finesses techniques».

Quand les droits autochtones et ceux découlant des traités ont été enchâssés dans la Constitution canadienne en 1982, on nous a dit que nos droits faisaient maintenant partie de la loi suprême du Canada. On nous a dit que l'enchâssement dans la Constitution voulait dire que nos droits fondamentaux ne pouvaient plus jamais nous être enlevés.

Douze ans plus tard, il semblerait que dans le cas des droits des Cris, même la Constitution canadienne soit devenue une simple finesse technique qui peut être invoquée ou révoquée suivant le bon vouloir des gouvernements. Cela me laisse avec l'impression troublante que les gouvernements sont pratiquement libres de faire ce qu'ils veulent.

Cela est particulièrement déplorable quand notre fiduciaire, le gouvernement du Canada, prend cette position lorsqu'on lui demande de confirmer nos droits constitutionnels et ceux découlant des traités. Il semble que nous soyons en droit de demander : quel événement plus important et plus significatif pourrait bien se produire qui pourrait obliger le gouvernement fédéral à agir? Est-ce que le fait de soustraire les Cris et leurs territoires au Canada n'est pas un motif suffisant de confirmer et garantir nos droits? Le Canada est-il empêché d'agir par l'ampleur et le caractère définitif du danger? Car si cela est le cas, notre fiduciaire abdique son autorité au moment même où son obligation de prendre position et d'agir en notre défense est la plus grande.

Nos droits constitutionnels et issus de traités sont-ils

de simples finesses techniques? Je ne le pense pas. En fait, les sondages démontrent clairement qu'une proportion significative de ceux qui voteraient «oui» dans un référendum québécois voteraient «non» s'ils étaient convaincus que les territoires cris et Inuit dans le Nord du Québec demeureraient au Canada.

Permettez-moi d'être très précis à ce sujet. L'article 2.15 de notre traité stipule que le consentement de toutes les parties sera nécessaire pour tout amendement. L'article 2.11 de notre traité affirme que les Cris et les Inuit continueront de jouir des droits de citoyenneté canadienne. De nombreux autres articles de notre traité confirment la relation particulière qui lie le Canada, les Cris et les Inuit. Toutes ces dispositions sont des droits issus de traités qui nous sont reconnus. Ils sont enchâssés dans l'article 35 de la Constitution du Canada, la loi suprême de ce pays.

Au minimum, s'ils reconnaissaient le statut d'un référendum québécois, il faudrait que le ministre de la Justice et son gouvernement affirment en même temps que la sécession est une question qui ne peut être réglée sans que les peuples autochtones concernés y consentent aussi.

Nous sommes profondément préoccupés à l'idée qu'un autre système de deux poids, deux mesures soit en train de prendre forme à l'égard de nos droits, cette fois dans l'arène fédérale.

Nous continuerons de lutter pour défendre nos droits en dépit de ce que feront les gouvernements du Québec et du Canada. Nous savons que nous avons le droit légal, constitutionnel, et moral de choisir. Mais pour les Canadiens la reconnaissance des droits des Cris et des Inuit dans le Nord du Québec a une dimension de plus : En rejetant—ou en s'abstenant de reconnaître—les droits des peuples autochtones dans le Nord du Québec, le Canada est peut-être en train de se défaire à la fois d'une obligation légale et d'une opportunité qui, s'il en prenait acte, pourrait permettre de maintenir le Canada uni.

Je trouve étrange qu'à l'heure où le Canada est menacé par un projet séparatiste au Québec, il continue de considérer la reconnaissance pleine et entière des droits des peuples autochtones comme une plus grande menace. Cela ne paraît pas raisonnable, et est difficile à croire.

Les experts en droit international s'entendent en général pour confirmer notre droit à l'autodétermination, particulièrement si le Québec se séparait du Canada. Même le propre expert juridique du Parti Québécois, le professeur Daniel Turp, a confirmé la validité de nos revendications, en affirmant à plus d'une occasion dans ses écrits que le droit des Cris de choisir est au moins égal au droit des Québécois de déterminer leur propre avenir.

La question n'est pas de savoir si, après la séparation, une nouvelle république du Québec nous traiterait bien. Ce n'est pas la question que nous posons. Ce que nous voulons voir reconnu *au préalable*, c'est notre droit de choisir entre maintenir et développer notre statut à l'intérieur du Canada, ou sauter dans le canot du Québec et nous lancer dans les rapides avec lui.

Je veux être clair : En tant qu'Indiens, nous ne sommes pas des Indiens du Canada; nous ne somme pas des Indiens du Québec; nous somme un peuple à part entière—nous sommes *Eeyouch*, les Cris.

Quand le gouvernement du Québec assujettit son offre de reconnaître nos droits dans sa loi référendaire à «l'intégrité territoriale» du Québec, il nie notre droit fondamental, le droit de choisir, en même temps qu'il prétend proclamer la reconnaissance de nos droits.

Certains séparatistes ont déjà affirmé que le Québec ne serait pas un état viable sans le Nord du Québec. Cela est peut-être vrai. Mais si le gouvernement du Québec nous nie le droit de choisir notre nationalité, de crainte que nous ne choisissions de demeurer au Canada, il ne peut pas prétendre avoir respecté nos droits humains ni nos droits en tant que nation et en tant que peuple. Les séparatistes savent mieux que personne qu'on ne peut pas imposer la loyauté à un peuple. Les séparatistes auraient avantage à prendre le risque de reconnaître et de respecter nos droits. Les Droits humains fondamentaux devraient en effet avoir préséance sur la prétendue intégrité d'un territoire qui n'existe que depuis trente ou quatre-vingt-dix ans.

En fin de compte, les Cris feront leur choix. N'en doutez pas. Même si le Canada ne nous reconnaît pas notre droit à choisir, et même si le gouvernement du Québec nous nie le droit de choisir, le peuple cri fera preuve de sagesse et décidera, et les populations canadienne et mondiale jugeront du résultat.

Si le Québec tient un référendum sur la séparation, nous avons l'intention de tenir notre propre référendum. Une commission crie a été mandatée et elle tiendra des audiences dans les communautés cries sur la séparation possible du Québec et ses implications pour le peuple cri. Nous voulons que les nôtres aient l'occasion de comprendre ce qui est en train de se produire, et d'exprimer leur opinion. Les Inuit ont résolu de tenir un référendum national pan-Inuit.

Laissez-moi préciser cependant que nous ne nous opposons pas à ce que le gouvernement du Québec tienne son référendum. Ce que nous contestons, c'est le droit du gouvernement du Québec de tenir un référendum sur l'avenir de *Eenou Astchee*, le territoire cri, et de *Eeyouch*, le peuple cri.

Le gouvernement du Québec rejette fermement le droit des Canadiens à l'extérieur du Québec de jouer un rôle quel qu'il soit dans le processus ayant pour but de déterminer l'avenir du territoire qu'il réclame. La position des Cris est identique : seuls les Cris détermineront l'avenir de *Eenou Astchee.*

Les leaders politiques canadiens ont déjà déclaré qu'ils respecteront le résultat d'un référendum québécois. Nous avons demandé si le Canada respectera le résultat du référendum cri. Nous avons demandé à maintes reprises que l'on reconnaisse notre droit de faire notre propre choix.

Une des réponses que nous avons obtenues, de la part de l'ambassadeur canadien auprès de l'union européenne, était que nous devrions voter «non» dans le référendum *Québécois,* si nous voulons demeurer au sein du Canada. Pour le reste, nous avons été accueillis par le silence. C'est comme si l'article 35 de la Constitution canadienne n'existait plus, douze ans seulement après avoir été signé par la Reine.

Voilà le système de deux poids, deux mesures qui réapparaît, une fois de plus.

Alors permettez-moi de poser la question suivante : qu'est-ce qu'il faudra pour que nous, les Cris, les peuples autochtones, nous soyons enfin «admis» au sein du Canada? Quand serons-nous reconnus comme faisant partie de ce grand pays, quand pourrons-nous en partager la richesse, l'avenir, le gouvernement? Quand les peuples autochtones seront-ils reconnus comme des êtres humains eux aussi?

Plus tôt, j'ai dit que j'avais le sentiment que les peuples autochtones venaient d'être découverts par les Canadiens. Je me suis fait entendre. J'ai fait connaître, publiquement et sans détours, les préoccupations des miens, et je sais que les Cris sont entrés dans les cœurs de Canadiens dans toutes les provinces du Canada, y compris le Québec.

De nombreuses personnes qui normalement ne défendraient pas les droits autochtones ont appuyé nos arguments, peut-être parce que c'était dans leur intérêt. Mais beaucoup d'autres gens appuient les droits des Cris et des peuples autochtones parce qu'ils veulent préserver la primauté du droit, et parce qu'ils ont un respect fondamental des droits humains.

Les gens me demandent : qu'est-ce que vous voulez exactement? Vous devez bien vouloir quelque chose en retour de ce que vous faites, qu'est-ce donc que vous voulez?

Je serai concret. Les Cris veulent être véritablement inclus dans le Canada et le Québec. Nous voulons des juridictions véritables, des bénéfices réels de nos ressources dans nos territoires. Nous voulons participer pleinement, en tant que nation et en tant que peuple, dans la vie publique du Canada. Nous voulons avoir effectivement voix au chapitre, en ce qui concerne nos propres affaires. Nous voulons nous mettre au travail pour développer notre région, en partenariat véritable avec le Québec et le Canada, avec vous tous.

Nous voulons également être traités d'êtres humains. En cri nous avons un mot pour désigner l'être humain— c'est le mot *eeniw*. Je veux que les Cris et tous les peuples autochtones soient traités comme des êtres humains. Mais comprenons-nous bien : notre conception de notre humanité est que nous sommes un Peuple. Nous traiter comme des humains, cela veut dire reconnaître que notre statut comme l'un des peuples autochtones du Canada— tel qu'entériné par la Constitution canadienne—doit être pleinement reconnu et respecté.

Cela voudra simplement dire que les Canadiens considèrent les peuples autochtones comme ayant autant le droit que n'importe qui d'autre de gouverner, de partager la richesse de ce pays, de jouir de ce pays, de vivre en paix, de pouvoir nous exprimer, et être respectés, autant que n'importe qui d'autre.

Peut-être que le moment est maintenant venu. Peut-être que les Canadiens réalisent que notre influence continuera de se faire sentir, que rien ne se passera désormais sans nous au Canada. Peut-être que les Canadiens réalisent que nous faisons véritablement partie de ce pays. Peut-être que les Canadiens réalisent que le caractère même du Canada, que ses décisions importantes ne pourraient plus jamais être séparés de ceux des civilisations autochtones qui étaient déjà ici, bien longtemps avant toutes les autres.

Le Canada est à la croisée des chemins. Vous êtes en train de prendre un certain nombre de décisions qui, une fois de plus, touchent aux intérêts et aux droits fondamentaux d'un certain nombre de peuples autochtones qui sont les seuls habitants de vastes régions du Canada. Les bonnes décisions concernant les intérêts et les droits des peuples autochtones peuvent être prises par des Canadiens agissant dans leur propre intérêt. Mais j'aimerais mieux que les bonnes décisions soient prises, notamment au sujet des intérêts et des droits des peuples autochtones *parce qu'elles sont les bonnes.*

❧

Matthew Coon Come exerce son troisième mandat de Grand Chef élu par la nation Crie de la Baie James du Québec.

O Canada

Roch CARRIER

DANS le café où j'écris ces mots
Il semble que personne ne sait plus rêver
Le blanc blizzard de l'hiver a emporté les souvenirs
On a oublié les moissons brûlantes de juillet
Dans les embouteillages de la ville on s'impatiente mais
	on voudrait ne pas arriver
Dans les maisons on contemple les rêves des autres
On laisse les autres vivre sa vie
On emprunte les souvenirs des autres
Et si ma bière pouvait penser elle dirait de moi
Cet homme est un mauvais poète
Et mon pays me semble lointain
On dirait qu'il fond comme neige au printemps.

Dans le café où j'écris ces mots
La musique donne les mots qui seront dits demain
Et ces mots ne me parlent pas de nous
J'entends des rires des rires si fort
Qu'ils chassent le temps
Et quelqu'un demande
Faut-il s'inquiéter de l'avenir de ce pays
Quand la musique est forte et les rires puissants

La radio du barman récite le bulletin de la circulation
Les ponts sont bloqués
Les boulevards sont bouchés
Mon pays est immobilisé quelque part sur l'avenue de
	son histoire

Je pense à mes amis
Forts comme la vie
Leurs pères ont triomphé des mers
Ils ont traversé l'abîme de l'ignorance

La pauvreté
Ils ont traversé le désespoir
Comme mon père
Ils ont vaincu des forêts sauvages
Ils ont maîtrisé des terres indociles
Forts comme la vie forts comme la mort
Je pense à mes amis
Ils pourraient voguer sur la mer mais ils rêvent d'un
    aquarium
L'aquarium de Parizeau

Je sors dans la rue
Je ne sais plus si mon pays existe encore
Sous la nuit qui s'étend comme un continent bleu
J'aime cette ville comme on aime sa famille
Mon pays est le pays de ma famille
Avec mes frères et mes sœurs qui ne parlent pas ma
    langue
Avec mes frères et mes sœurs qui ont une autre couleur
Avec mes frères et mes sœurs dont je ne connais pas les
    dieux
Et qui ne savent pas que je ne crois pas aux dieux
Les poètes doivent trouver les mots qui sauveront ce pays.

Ce pays contient-il trop de ciel
Trop de mers
Trop d'oiseaux trop de mines
Ce pays contient-il trop de terre trop de chemins
Trop de fleuves
Trop d'histoire
Trop de glace trop de blé trop de mémoire
Trop de forêts trop de liberté trop de paix
Nos nuits sont-elles trop silencieuses
Nos jours sont-ils trop paisibles
Le temps est-il trop doux quand il glisse sur nous

Devrions-nous laisser à nos enfants un héritage plus petit
Devrions-nous léguer à nos enfants un pays plus petit
Les Rocheuses les Prairies la toundra l'avenir
Sont-elles trop vastes à contempler
Certains ne veulent pas d'un pays
Où comme Terry Fox l'on peut marcher d'une mer
      jusqu'à l'autre mer
Libre comme le vent qui passe
Oh dois-je pleurer comme celui qui erre en pays étranger

Dans ce pays immense
Notre âme est devenue petite
J'appelle les poètes
Les bons et les mauvais poètes
Vous devez trouver les mots qui sauveront ce pays

Je connais des enfants comme des vieillards qui attendent
La fin de leur vie
Je connais des adolescents dans un couloir sans fin
Où ne s'ouvre aucune porte
Je connais des adolescents qui abandonnent ce pays pour
      aller rêver ailleurs
Je connais des adultes sans un souvenir
Sans un rêve
Je connais des gens qui passent dans ce pays
Comme l'on va à l'épicerie
Je connais des gens qui pensent que ce pays n'est pas un
      pays
Parce qu'il ne ressemble pas à un pays
Qu'ils connaissent

Pourtant nous sommes nés ailleurs
Nous sommes venus d'ailleurs
Nous avons traversé des mers
Nous avons dépassé des cultures des histoires des langues

des religions

Nous avons traversé nos malheurs

Nous avons franchi la pauvreté la misère

La guerre

Nous sommes venus en ce pays parce qu'il était notre rêve

Aujourd'hui

Nous ne rêvons plus

Et moi le mauvais poète

J'appelle les bons poètes

Vous devez trouver les mots qui sauveront ce pays

Nos ancêtres ont marché jusqu'au bout de leur rêve pour
    atteindre ce pays

Ils ont marché jusqu'au bout de leur vie pour atteindre
    leur rêve

Et leurs enfants ont connu une meilleure vie que leurs
    parents

Une vie sans humiliation

Une vie où la nuit promettait un jour meilleur

Mais je connais aujourd'hui des enfants

Des enfants sans rêves comme des poètes impuissants

Des enfants qui empruntent aux autres leurs rêves

Des rêves électroniques

Des enfants qui ne savent plus les rêves de leurs ancêtres

Des enfants qui voient leurs parents ne plus rêver

Des enfants qui ne savent pas que la vie est un rêve

Que l'on tisse

Des enfants qui ne croient pas en l'avenir

Comme l'on ne croit plus au Paradis

Des enfants qui ne croient pas en l'avenir

Dans un pays aussi vaste qu'une histoire que l'on n'a pas
    encore écrite

Et moi le mauvais poète

J'appelle les cent quatre-vingt dix-neuf mille poètes de ce
    pays

Roch CARRIER

Je vous appelle
Inventez pour ces enfants
Un rêve qui sauvera ce pays
Inventez un rêve qui sauvera les enfants de ce pays

Je marche dans ma ville qui l'hiver ne s'aime pas beau-
    coup
Mais qui l'été danse toute la nuit
Et je me dis que ce pays doit durer
Des banquises de Terre-Neuve aux otaries de Victoria
Ce pays doit durer
Des vignes de Niagara au pergélisol du nord
Ce pays doit durer
Du chinook de Calgary au noroît de Québec
Ce pays doit durer
Des mines de la Petite île Cornwalis au luthier de la rue
    Saint-Denis à Montréal
Ce pays doit durer
Des dentelles de soie aux visions de l'écran virtuel
Ce pays doit durer
D'une mer à l'autre
Ce pays doit durer
Nous sommes venus d'ailleurs
Nous sommes différents
Comme frères et sœurs sont différents
Et nous devons vivre ensemble en ce pays
Comme les humains devront vivre ensemble
Différents
Sur la terre de l'avenir

Ce pays doit durer
Des peuples différents
Des peuples aux musiques diverses
Des peuples qui parlent toutes les langues
Des peuples qui savent parler à tous les dieux

Des peuples ennemis
Ont fait la paix en ce pays

Ce pays cultive la paix
Comme il produit le pétrole le blé l'électricité
Ce pays doit durer
Car il ressemble déjà à ce que sera l'avenir sur la terre
Ce pays doit durer
Pour que la tolérance et la paix y règne entre les deux
      rives d'un continent
Ce pays durera
Des femmes et des hommes affamés assoiffés s'y
      amèneront encore
Il faut que ce pays dure
Pour donner sur cette planète un refuge à la paix
Et moi le mauvais poète
J'appelle au secours
Les poètes doivent trouver les mots qui sauveront ce pays.

❧

*Roch Carrier est l'auteur de nombreux livres,
notamment* Le Chandail de hockey *et* Prières
d'un enfant très sage. *Il est actuellement
directeur du Conseil des Arts du Canada.*

Une perspective de syndicaliste : démocratie et solidarité

⁂

Bob WHITE

J'ÉCRIS ces lignes en tant que président du Congrès du travail du Canada, une organisation de travailleurs et de travailleuses regroupant de nombreux syndicats affiliés, avec des membres aussi bien au Québec qu'en dehors du Québec.

À des moments cruciaux dans les rapports entre le Québec et le reste du Canada, le CTC a pris des décisions qui reconnaissent clairement le droit des travailleuses et travailleurs québécois à l'autodétermination et qui manifestent tout aussi clairement notre désir d'empêcher que quoi que ce soit vienne rompre les liens de solidarité qui sont d'une extrême importance, non seulement entre les travailleurs et travailleuses du Québec et du reste du Canada, mais également parmi les travailleurs et travailleuses du monde entier.

Nous pouvons être fiers de la maturité avec laquelle le mouvement syndical, par l'entremise du CTC et de la Fédération des travailleurs du Québec, a présenté une vision de l'avenir du Canada et du Québec empreinte de tolérance et d'ouverture d'esprit.

En 1978, les délégués à l'assemblée statutaire du Congrès du travail du Canada ont adopté, à une forte majorité, une déclaration intitulée «Déclaration sur la solidarité nationale».

Celle-ci exprimait l'espoir que le dialogue aboutisse à une restructuration des rapports entre le Québec et le Canada en vue d'édifier une société canadienne dynamique et renouvelée. Elle contenait le passage suivant : «Nous, les travailleurs du Québec, membres du Congrès du travail du Canada, proclamons notre droit de déterminer notre avenir politique et constitutionnel. Ce droit est une condition préalable, fondamentale et essentielle à l'équilibre des futures négociations et nous sommes pleinement conscients de la lourde responsabilité qui nous incombe si nous choisissons d'exercer ce droit. Nous, les travailleurs d'autres parties du Canada, membres du Congrès du travail du Canada, respectons le droit fondamental des travailleurs du Québec d'assumer cette responsabilité.»

En 1980, le président du Congrès du travail du Canada de l'époque a traité du premier référendum dans son allocution d'ouverture à l'assemblée statutaire du CTC. «Il y a deux ans, disait-il, nous avons eu un long et intense débat à ce sujet. Nous avons dit que notre mouvement syndical croit au droit à l'autodétermination; nous avons exprimé l'espoir que, quelle que soit l'issue, la solidarité continuerait à régner dans nos rangs. Et je vous le dis, nous pouvons débattre de ce sujet jusqu'à la fin des temps sans jamais arriver à une meilleure conclusion. Le comité exécutif a déterminé à l'unanimité qu'autodétermination voulait bien dire autodétermination.»

Ces deux déclarations importantes furent prononcées au moment où les travailleurs et travailleuses du Québec se préparaient à voter par référendum sur l'avenir des relations entre le Québec et le Canada. Avant cette date et depuis cette date, un grand nombre de syndicats affiliés au CTC qui comptent des membres au Québec ont considérablement restructuré leurs organisations pour tenir compte de la réalité québécoise.

En décembre 1993, j'ai eu l'honneur de prendre la parole au congrès de la Fédération des travailleurs du Québec, et de participer à la signature d'un protocole historique qui reflète l'expression officielle de rapports liés au principe de la souveraineté-association, et qui proclame, entre autres : «Le CTC et la FTQ ont des liens étroits de par leur histoire, leur structure et la teneur de leurs statuts. Ensemble, ces deux associations sont d'accord pour chercher des façons de réaffirmer leur solidarité en définissant de nouveaux rapports fondés sur un respect mutuel continuel. Dans le passé, les rapports entre le CTC et la FTQ ont grandi grâce à la défense des mêmes intérêts fondamentaux. Cette évolution a tenu compte des réalités sociales et culturelles qui sous-tendent les activités syndicales au Québec et dans le reste du Canada. La FTQ doit travailler dans un contexte particulier de pluralisme syndical unique dans ce pays, au sein d'une société possédant ses propres caractéristiques linguistiques et où les aspirations politiques et culturelles sont différentes de celles des autres régions du pays. C'est dans ce contexte que, au cours des années, la FTQ a été amenée à jouer un rôle différent de celui des autres fédérations provinciales. En fait, la FTQ incarne depuis longtemps le CTC au Québec.»

Ce protocole a reçu le soutien quasi unanime des délégués au congrès de la FTQ et, par la suite, celui des délégués à l'assemblée statutaire du CTC en 1994. Je suis convaincu que, dans la théorie et dans la pratique, les positions adoptées par le CTC et la FTQ sur les rapports entre le Canada et le Québec, aussi bien à l'intérieur qu'à l'extérieur du mouvement syndical, sont un modèle de politesse et de courtoisie—un modèle qui peut servir d'exemple.

La solidarité entre les travailleurs et travailleuses du Québec et du reste du Canada n'a jamais simplement reposé sur des protocoles ou des documents adoptés lors de congrès, si importants qu'ils aient été. Notre solidarité repose sur nos expériences, nos luttes en tant que travailleurs et travailleuses contre des décisions gouvernementales, contre les puissantes forces du capital international et contre les entreprises transnationales qui ne connaissent pas les frontières. Notre solidarité repose sur nos luttes communes dans lesquelles nous avons vu le droit à la négociation collective libre supprimé par des gouvernements au Québec, par des gouvernements au Canada et par des gouvernements dans d'autres provinces. Et des travailleurs ont été jetés en prison pour avoir osé résister.

Notre solidarité est née des luttes des travailleurs qui ont livré des combats historiques comme la honteuse grève à Longueuil, au Québec, où une grande entreprise multinationale a embauché des centaines de briseurs de grèves, a dressé les travailleurs les uns contre les autres et a essayé d'utiliser tout son pouvoir politique et juridique pour faire courber l'échine à ces grévistes. Mais ces manœuvres ont finalement échoué, et les grévistes ont triomphé grâce à la solidarité entre leur syndicat, la FTQ et le CTC et grâce au soutien apporté à la grève à travers tout le pays ainsi qu'à l'étranger.

Je m'en souviens.

J'étais là dans le piquet de grève, dans le sous-sol de la paroisse, au siège du syndicat local, au cours des négociations. Notre solidarité s'est exprimée quand des travailleurs en Alberta firent front à un employeur qui, lui aussi, était décidé à utiliser ses relations politiques, l'intervention de la police et des briseurs de grèves pour faire échec à cette grève. Et encore une fois, grâce à la solidarité entre la Fédération du travail de l'Alberta et le CTC et le soutien à travers tout le pays, y compris celui de la FTQ et de milliers de travailleurs et travailleuses du Québec, les grévistes ont triomphé.

Notre solidarité s'est exprimée dans nos luttes communes contre les taux d'intérêts élevés, le contrôle des salaires et le chômage. Il y a deux ans seulement, en mai 1993, des milliers de travailleurs et travailleuses du Québec ont traversé le pont depuis Hull, au Québec, pour se joindre à la démonstration regroupant cent mille personnes devant le Parlement à Ottawa pour protester contre le chômage.

Au moment où les Québécois se retrouvent à nouveau dans cette période préréférendaire, nous savons tous que la solidarité des travailleurs au Québec et dans le reste du Canada sera mise à rude épreuve. Les tentatives de division seront nombreuses.

Grâce à mes activités dans le mouvement syndical, j'ai eu l'occasion de passer beaucoup de temps au Québec et de comprendre et apprécier la société québécoise et le mouvement syndical Québécois. Je porte dans mon cœur un profond respect pour le Québec et pour ses travailleuses et ses travailleurs. Je suis convaincu que, grâce à la participation du Québec, notre société est plus riche et plus vivante et notre mouvement syndical plus dynamique. Et je comprends très bien que de nombreux membres du CTC hors du Québec souhaitent que le Québec demeure au sein du Canada et que les travailleurs et travailleuses du Québec continuent à faire partie du CTC. Mais je comprends et j'accepte également, comme d'ailleurs des milliers de membres du CTC hors du Québec, que pour de nombreux Québécois, leur sens le plus fort d'une identité nationale réside dans un Québec souverain. C'est une réalité que le reste du Canada ne doit pas rejeter, mais au contraire reconnaître, apprécier et comprendre.

Mais il faut aller encore plus loin.

Dans le prochain référendum, la décision prise démocratiquement par la majorité des participants doit être acceptée et respectée—non seulement par le CTC mais par les diverses institutions politiques et autres du pays.

Si le référendum débouche sur la victoire du «Oui», tout va-t-il s'arranger sans problèmes? Bien sûr que non. Ce résultat aura comme conséquence des négociations sérieuses, sûrement difficiles, portant sur un grand nombre de questions, mais ces négociations devront se dérouler sur la base d'un respect mutuel et la reconnaissance d'une nouvelle réalité.

À l'approche du référendum, nous devons tous nous rendre compte que, aussi bien au Québec que dans le reste du Canada, il existe des points de vue différents sur ce que devraient être les conséquences de ce référendum. Certaines opinions qui créent ces différents points de vue sont, à travers tout le pays, passionnément ancrées chez ceux qui les expriment et nous devons faire preuve de respect pour ces différents points de vue. Un respect fondé sur des valeurs partagées, une histoire partagée, des luttes partagées et également sur la reconnaissance sans restriction que cette décision appartient aux Québécois et aux Québécoises.

Le débat et la décision concernant l'avenir du Canada et du Québec se produisent dans un contexte mondial, où la souveraineté nationale est en cours de redéfinition, avec, comme résultat dans certains cas, l'éclatement de pays, et dans un mouvement vers une souveraineté supranationale dans d'autres cas, comme celui de la Communauté européenne.

Au cous de ce débat et de cette décision, nous devons, au sein du mouvement syndical, insister pour que nos dirigeants politiques agissent d'une manière responsable et avec une vision qui accroisse les chances de succès d'une société harmonieuse, aussi bien à court terme qu'à long terme.

En 1976, en 1980 de nouveau et encore au cours du débat de Charlottetown, des chefs d'entreprises, des banques et d'autres institutions ont tenté d'influencer l'issue du débat en lançant des allégations fantaisistes et sans fondements sur les conséquences économiques de la décision que les Québécois pourraient prendre. Il est vrai qu'un vote pour la souveraineté comporte certaines implications économiques, mais un chantage économique et un scénario apocalyptique doivent être jugés pour ce qu'ils sont—des tentatives éhontées d'intervenir dans le cours d'une prise de position démocratique et de l'influencer. Elles n'ont aucune place dans le débat sur le prochain référendum. Nous devons les rejeter.

Il est facile de soutenir une politique d'autodétermination quand la souveraineté n'est pas une question urgente inscrite à l'agenda politique. Il est beaucoup plus positif de la soutenir quand un vote sur la souveraineté va se tenir dans un avenir proche.

En tant que président du Congrès du travail du Canada et en tant que personne qui croit en un mouvement syndical autonome, démocratique et mondial, je sais que le CTC respectera et acceptera la décision que prendront les travailleuses et les travailleurs du Québec. Dans l'avenir comme dans le passé, nous resterons, hommes et femmes, au coude à coude, solidaires dans notre lutte continuelle pour l'égalité, l'équité, les droits de la personne, et la justice économique et sociale.

Bob White est le président du Congrès Canadien du Travail qui représente 2,4 millions de syndiqués.
Il est aussi l'ancien président fondateur du Syndicat Canadien des Travailleurs de l'Automobile, le plus important syndicat dans le secteur industriel au Canada.
Il est également Officier de l'Ordre du Canada.

Traduit par André Seguinot

Deux solitudes ne valent pas mieux qu'une

Ivan JAYE

J'AI été élevé dans un pays où les gens sont devenus forts politiquement et économiquement en faisant ressortir les différences entre les divers groupes de la société. Je sais très bien comment cela peut influer sur la qualité de vie et l'existence même d'une personne. J'écris cet article pour présenter un point de vue différent sur la question de la séparation du Québec, le point de vue d'un des nombreux immigrants au Canada.

Lorsque j'étais enfant, l'Afrique du Sud représentait surtout de longs étés confortables, des pique-niques sur la plage, une mer toute chaude pour se baigner et de grosses vagues pour pratiquer le surf. Les hivers froids et venteux étaient de courte durée. Je supposais que les bancs de parc divisés—certains pour les serviteurs noirs et d'autres pour les Blancs—constituaient la norme. L'Afrique du Sud que j'ai quittée à l'âge de vingt-et-un ans était une nation où sévissait l'apartheid et où l'on retrouvait des bidonvilles, des vies perturbées, la privation du droit électoral, des lignes de téléphone surveillées, une propagande gouvernementale et une police d'état abusive.

L'Angleterre des années soixante était, par comparaison, plutôt mythique. Je demeurais près de Hampstead Heath et je travaillais près de Buckingham Palace. J'adorais les merveilleux villages aux noms familiers comme Penzance et Tintagel, les châteaux et les églises, les petites maisons de pierre avec un toit de chaume et les jardins cultivés depuis des centaines d'années. L'Angleterre possédait une histoire solide et pouvait se vanter d'avoir les Beatles, Carnaby Street et ses brasseries. L'existence semblait libre et facile. Mais l'Angleterre comptait aussi une structure de classes épouvantable qui n'avait pas été abolie malgré les efforts de plusieurs gouvernements travaillistes. Et l'Angleterre avait Liz. Nous

nous sommes mariés en 1968. L'Angleterre était un trésor pour les yeux et le cerveau, sinon pour l'estomac. Ce n'était pas, à notre avis, un pays ayant un bon avenir : son économie était en crise et la nation changeait trop lentement, vivant plus dans le passé que dans le présent. Nous avons donc déménagé au Canada.

Montréal était une ville magnifique et rigoureuse en janvier 1969. Il ne neige qu'une fois par cent ans en Afrique du Sud et Londres n'avait connu ce genre de précipitations qu'une fois dans les cinq ans où j'y ai vécu. Montréal était une ville pleine d'énergie et de joie de vivre où vivaient des gens intéressants. Malheureusement, il était impossible d'y trouver du travail. Les entreprises allaient s'établir à Toronto pour éviter les problèmes engendrés par les activités séparatistes.

Il fut facile de trouver un emploi à Toronto. Par ailleurs, les bons restaurants abordables étaient rares. Le Toronto d'aujourd'hui est bien différent de la ville ennuyeuse d'il y a vingt-cinq ans. Nous sommes de l'avis que le Canada s'est également amélioré. Nous sommes plus prudents mais aussi plus aventureux que nos voisins du sud. Nous étions prêts à essayer de vivre dans une société plus égalitaire et nous pouvons nous vanter d'avoir réussi jusqu'à un certain point.

Il y a un avantage à venir d'ailleurs : on ne tient pas pour acquises les conditions du milieu. Lorsque j'observe le Canada, je ne vois pas ce que voient mes amis nés au Canada. Je comprends que la société dynamique, égalitaire et à l'esprit ouvert qui semble caractériser ce pays n'est pas vraiment typique. Le haut niveau de vie que connaissent certaines personnes n'est pas la norme. Je sais que le Canada est considéré par les étrangers comme un des meilleurs pays où l'on peut vivre présentement, et que quatre de ses villes font partie des dix endroits les plus désirables au monde. Mais ceci ne signifie pas la même chose pour moi que pour la plupart de mes amis canadiens. Je crois que les Canadiens pensent—comme je pensais moi-même, quand j'étais plus jeune, qu'une Afrique du Sud dominée par les Blancs était la norme—que les nombreux avantages du Canada sont permanents et ne risquent pas de disparaître si des changements importants à nos structures politique et économique se produisent.

Ce qui m'amène à parler de la séparation du Québec. Les gens qui n'habitent pas au Québec et qui tiennent le Canada pour acquis déclarent parfois : «Je suis bien fatigué de leur attitude et de leurs complaintes. Pourquoi ne se séparent-ils pas enfin? Qu'ils laissent le Canada et qu'ils nous laissent en paix.» Ces sentiments sont assez populaires. Mais je crois que la situation est bien plus compliquée que cela et que nous avons beaucoup trop à perdre pour se laisser décourager par les échecs de Charlottetown et du lac Meech. Nous devons envisager le problème sous un angle différent. Car il y a vraiment un problème, et la solution n'est pas évidente. Nous devons faire preuve de patience.

Du point de vue historique, nous n'avons pas encore eu beaucoup de temps pour régler les problèmes du Québec en matière de fédéralisme. Pourtant, on nous dit qu'une solution doit être trouvée immédiatement. Pourquoi? Nous ne pouvons nous dépêcher que si nous n'avons rien à perdre. Or, je crois que si le Québec se sépare, le Québec, le Canada et tout le reste du monde y perdra énormément.

Que restera-t-il si le Québec se sépare? Quelles seront les répercussions de cette séparation sur chacun? Est-ce que l'existence du Québécois moyen ou de la Québécoise moyenne s'améliorera vraiment? Comment? Qu'en coûtera-t-il au reste du Canada? Tous les Canadiens, y compris les Québécois, doivent se poser ces questions et les poser aussi aux dirigeants politiques. De plus, si nous

Pour l'amour de ce pays

osons poser ces questions, nous devons être prêts à confronter les platitudes et les réponses ambiguës. Les conséquences de la séparation sont trop importantes pour que l'on laisse les politiciens les parer de promesses vides. Nous tombons déjà dans le piège de certains politiciens québécois rusés et de leurs agents de relations publiques, qui se font aider de journalistes désirant la séparation. Ces gens parlent toujours du Québec et du Canada comme de deux entités indépendantes, comme si le Québec s'était déjà séparé. Y a-t-il vraiment une différence entre la dette canadienne et la dette québécoise? J'en doute. Ces politiciens déclarent que les Québécois et les Canadiens désirent résoudre le problème du fédéralisme de différentes façons. Mais les Québécois sont également des Canadiens et la plupart des Québécois semblent encore désirer une solution moins extrême. Ce n'est qu'en amplifiant les différences et en faisant peu de cas des similarités qu'il est possible de relier une situation très compliquée au résultat d'un référendum auquel ne participe que vingt-cinq pour cent du pays.

Nous avons besoin de politiciens comme Nelson Mandela pour nous guider au cours des prochaines années, de personnes qui peuvent mettre de côté leurs attentes et leur animosité pour observer la situation globale et apprécier la valeur du Canada actuel. Comme nous ne disposons pas de telles personnes pour l'instant, il nous revient, à titre de citoyens canadiens, d'orienter nos politiciens vers des bienfaits mutuels à long terme. Des changements devront sûrement être effectués mais il faudra qu'ils soient constructifs, non destructifs.

Les Canadiens, de Terre-Neuve jusqu'en Colombie-Britannique, sont beaucoup plus semblables que différents. L'histoire du Québec fait autant partie de l'histoire canadienne que celle des autres provinces et territoires. Les Québécois ont participé aux victoires et aux défaites du

Canada, petites et grosses, et nous sommes tous beaucoup plus influencés par des idées et des idéaux communs que nous le croyons. De plus, l'identité culturelle et l'intégrité économique de tous les Canadiens sont menacées par nos voisins du sud.

Si nous nous laissons convaincre que nous sommes deux entités, nous finirons par croire qu'il existe deux solutions. Ce serait une grave erreur. Une telle décision ne rendrait service qu'à une très petite minorité et nuirait à la plupart des Canadiens.

Nous sommes habitués à consulter des gros titres, à écouter des annonces de trente secondes et à recevoir des réponses immédiates. Mais ce problème ne peut pas être résolu si rapidement. Les Québécois ont des préoccupations et des besoins réels qui doivent être traités. Il existe plus d'une solution possible et la séparation proposée est la solution la moins désirable pour le Canada, y compris pour le Québec. Il s'agirait sûrement d'une «amputation» à la fois rapide et finale, mais à quel prix?

Analysons l'idée de la séparation du Québec dans le contexte des événements mondiaux actuels. Plusieurs pays industrialisés désirent le contraire, c'est-à-dire s'intégrer. Même la France, qui n'accepte pas facilement les autres cultures, reconnaît l'importance de se joindre à ses voisins. Ce pays a été un des partisans les plus féroces d'une Europe unie. Les Français se sont aperçus qu'il y avait plus d'avantages que de désavantages à être uni. Pourtant, le Canada pense à se désintégrer. Nous devrions nous demander si nous ne regretterons pas de nous diviser et de détruire notre unité tandis que d'autres peuples recherchent le contraire. Peut-être n'apprécions-nous pas assez ce que nous avons!

Et qu'arrivera-t-il après la séparation? Le Québec ne voudra-t-il pas d'une union économique avec le reste du Canada? Ne voudra-t-il pas faire partie de l'Accord de libre-échange nord-américain? Et qu'adoptera-t-il : le franc français ou le dollar canadien? Le Québec sera peut-être obligé d'avoir avec le Canada des liens assez semblables à ceux qui existent actuellement, mais avec beaucoup plus d'inconvénients. Le Québec serait un petit pays de six millions d'habitants, entouré de deux pays principalement anglophones dont la population combinée atteindrait près de trois cent millions de gens. Si le Québec n'accepte pas une forme d'union économique, il devra peut-être affronter de grosses difficultés économiques et faire d'importantes concessions à son objectif d'autodétermination.

Quel prix le Québec devra-t-il payer pour s'autodéterminer? Est-ce que sa liberté sera de courte durée? Finira-t-il, comme la France, par apprécier la valeur d'une union avec ses voisins, une union dans le cadre de laquelle chaque partie fait des concessions afin que tous puissent en retirer des bienfaits? S'il s'agit du résultat final, ne devrait-on pas préférer les difficultés d'une recherche continue pour trouver une solution qui satisfait tout le monde aux difficultés de la séparation? Il existe sûrement une meilleure façon de réarranger notre situation pour que tout le monde y gagne.

Nelson Mandela, en Afrique du Sud, essaie d'instaurer l'unité dans un milieu qui est beaucoup plus difficile et émotionnel que le nôtre. À une échelle différente et dans un contexte historique différent, une bonne partie de l'Europe recherche les mêmes résultats. Sommes-nous si différents?

Ivan Jaye est conseiller en affaires et vit avec sa famille à Toronto. Il apprécie la diversité et la tolerance de la société canadienne.

Traduit par Francine Poirier

Kanata :
Un millénaire
de plus

—❦—

Tom Hill

Wikwemikong.

Saskatchewan.

Tyondinega.

Eskasoni.

Inuktatuk.

Winnipeg.

Mississauga.

Cowichan.

Oromocto.

ET Ohsweken, qui est mon passé, mon présent et mon avenir.

Canada—ses terres et ses étendues d'eau, ses plantes et ses créatures, ses Premiers Peuples et leurs Premières Instructions. Et tous ceux et celles que nous avons accueillis et avec lesquels nous partageons.

Voient-ils le Canada que je vois?

Un été, ma famille et moi-même sommes tombés par hasard sur le Carrousel de la GRC. Au cours d'un numéro compliqué à cheval, les cavaliers se sont servis d'un petit crochet fiché au bout de leur bâton pendant que le narrateur expliquait au haut-parleur que c'était ainsi que la police montée arrachait les pitons des tipis et détruisait les foyers des Cris et des Assiniboines qui entravaient la construction du chemin de fer sur leurs propres terres.

Les faits sont les faits, mais ce manque de sensibilité devrait-il être élevé au rang d'une manifestation provoquant la fierté nationale? Le narrateur sous-entendait que les Premières Nations empêchaient le progrès, le développement, l'avancement de la civilisation. Lorsque je l'abordai pour lui dire ma façon de penser, il se montra impatient—après tout, dit-il, la GRC a bien le droit de rendre hommage à ses traditions historiques.

Voient-ils le Canada que je vois et que j'aime?

Cette manifestation m'a davantage distancié d'une institution canadienne que j'aurais pu admirer si elle avait respecté la liberté et la sécurité et accepté les différences. Il se peut que la GRC se sente plus en sécurité et plus à l'aise en s'enveloppant dans ses traditions, l'une d'elles étant de détruire des foyers. Mais ne me dites pas qu'elle n'a pas de meilleures raisons de se sentir fière.

J'ai pensé à cet incident maintes fois, bouleversé par l'ironie qui veut que nous, Canadiens, nous nous considérions comme des modèles de tolérance, de respect et de dignité humaine, alors que nous permettons à nos institutions et à nos chers symboles nationaux de rendre hommage à l'invasion, au colonialisme, à la domination, au racisme et à des concepts de supériorité éthnocentriques. La Journée de Christophe Colomb—et même la Colombie-*Britannique*. Des statues de Champlain. Les fleuves Thompson et Fraser. Les Pères de la Confédération. Les langues «officielles». Une «Loi sur les Indiens», qui en est toujours à la veille du XXIe siècle!

Pourquoi ne voient-ils pas le Canada que je vois et que j'aime?

L'expérience du Carrousel a pris de nouvelles dimensions en 1990 lorsque les barricades d'Oka ont fait leur apparition dans nos salons et à la table du petit déjeuner. Un camp regardait de l'autre côté des barricades et voyait des terroristes, des gens qui «faisaient justice eux-mêmes», des destructeurs du «mode de vie canadien». L'autre camp regardait de l'autre côté des barricades et voyait un siècle de fiasco, pendant lequel terres et droits n'ont pas été protégés, un siècle de deux poids et deux mesures. Des barricades invisibles entravant l'emploi, l'accès et la participation se concrétisaient en barricades d'une autre sorte. En cent ans, l'histoire n'avait pas changé. Une seule différence : une route de terre battue et un pont étaient

bloqués au lieu d'une voie de chemin de fer et les pro-
tecteurs du progrès et de la civilisation se déplaçaient en
voiture et en véhicules blindés et non plus à cheval.

Je suis désolé si mes propos choquent quiconque—il
est si difficile de parler du Canada que je vois et que
j'aime avec un tant soit peu de neutralité. Il y a trop
d'émotions profondes, trop d'expériences vécues dans
une réalité désagréable.

Je devrais peut-être être plus charitable. Après tout,
j'ai survécu. J'ai survécu, certes, non sans blessures et
cicatrices, face aux gigantesques efforts déployés pour
nous isoler, nous intégrer et nous assimiler. J'ai non seulement survécu, mais les Premières Nations sont toujours
parmi nous, en dépit des autorisations émises pour quitter la réserve, de l'interdiction du potlatch, de la pulvéri-
sation de notre gouvernement, de l'exil de Deskaheh, de
la génération perdue de ceux et celles qui ont été remis
aux mains d'étrangers.

Et pourtant nous aimons le Canada, terre de nos
aïeux.

Nous avons survécu au Livre blanc de 1969, qui
menaçait de nous transformer en «Citoyens Plus». Nous
avons survécu au multiculturalisme, qui menaçait de
nous réduire à un autre «groupe ethnique», comme les
Britanniques et les Français se plaisent à appeler tous
ceux qui sont différents d'eux. Nous avons vu des comités
parlementaires, des ministres des Affaires indiennes, des
groupes de travail, des commissions royales, des études
anthropologiques être créés et disparaître. Mais, nous,
nous sommes toujours là.

Est-il possible qu'un jour les «Canadiens» deviennent
Canadiens à part entière et se préoccupent de cette terre
qui les fait vivre au lieu de chercher en Europe leurs
racines culturelles? Est-il possible que ce pays jeune
remonte en-deçà de 1867 et des Plaines d'Abraham pour

trouver son histoire? Est-il possible qu'un jour d'autres fouillent du regard les rives du lac Ontario et y découvrent, comme moi, le canot de pierre qui y déposa ce pacificateur, fondateur de l'un des premiers gouvernements d'Amérique du Nord, c'est-à-dire d'une confédération qui devait inspirer des mouvements démocratiques dans le monde entier? Comment se fait-il que les Canadiens ne connaissent pas davantage l'histoire de ce pays?

Est-il possible que d'autres fassent ce que je fais si souvent lorsque je me trouve à Montréal—me rendre à pied au sommet du mont Royal pour voir comment le paysage a intégré les changements survenus depuis quatre siècles. J'imagine les palissades de Hachelaga qui accueillaient tous les visiteurs jusqu'à ce que les querelles européennes soient transplantées et dégénèrent en guerre. C'était ça le premier «Kanata»—le «village»—, d'ou le Canada tient son nom. C'était ça la première vision—une collectivité partageant les mêmes intérêts—de ce que le Canada aurait pu devenir, ce que le Canada peut encore devenir!

Tant de peuples magnifiques dans notre village, dans notre «Kanata»! Une telle richesse de visages divers! Une mine de cultures dont la diversité nous rend tous plus riches. Y aura-t-il un jour de la place pour ceux qui s'y trouvaient les premiers?

Tout n'est pas perdu! Les possibilités sont encore ouvertes! Tout ce dont nous avons besoin c'est d'ouverture d'esprit dans tous les camps, et de beaucoup d'efforts pour se comprendre. Plus que tout—et chacun de nous ne s'en rend peut-être pas compte pleinement—nous devons chercher dans un esprit de créativité un terrain d'entente et de nouveaux symboles pour notre nationalité et identité, sur lesquels notre diversité pourra s'épanouir.

Les fondations de ce terrain d'entente sont à portée

de main. C'est cette terre que nous appelons «Kanata» qui a donné naissance à tant de vérités. Ce Kanata, qui nous stimule, nous fait vivre. C'est ce Kanata que nous devons chérir—ses époustouflants paysages, ses fleuves majestueux, ses immenses forêts, ses impressionnantes montagnes, ses prairies à perte de vue, son vaste Nord, son fascinant muskeg, ses vallées accueillantes. Cette vision du Kanata a été rendue floue par des lignes de levé bien perpendiculaires, qui se traduisent de manière si pratique en frontières d'exclusion artificielles.

Si nous voulons avoir un avenir, nous devons à nouveau regarder en face le Kanata. Nous devons nous échapper de la cage dans laquelle nous nous sommes enfermés et qui nous sépare les uns des autres et de notre milieu naturel—notre terrain d'entente. Nous devons à nouveau faire partie du paysage, appeler la Terre notre mère et la remercier tous les jours de ce qu'elle nous offre à nous, ses enfants, frères et sœurs. Nous constituons les possessions de la Terre, ce n'est pas nous qui la possédons.

Le milieu naturel doit retrouver sa place dans nos pensées mythologiques et spirituelles. Nous devons comprendre ce que nous disons vraiment lorsque nous affirmons «Je suis Canadien».

Je suis convaincu que les autres en arriveront à aimer le Canada autant que ses Premiers Peuples. Nous trouverons des solutions dans notre expression culturelle. J'en ai la foi. Au cours de notre histoire, nos artistes, en particulier dans le domaine des arts visuels et de la littérature, ont exercé sur nous une influence éducative, nous permettant de mieux comprendre les liens spirituels qui nous unissent au milieu naturel, avec le Kanata. Ce sont les artistes qui ont alimenté cette compréhension mutuelle. Ce sont les arts qui ont fait surgir la Lumière.

Ce sont les artistes, en raison de leur perception, qui sont le plus aptes à interpréter le conscient et l'inconscient de notre pays. Ce sont les artistes qui nous montrent ce que nous avons, ce que nous pourrions avoir, beaucoup mieux que ceux qui discutent assis autour d'une table de constitution et de frontières qui excluent.

Oui, j'aime le Kanata depuis des milliers d'années. J'en conviens.

Comme il serait doux que le cadeau le plus précieux que les Premières Nations puissent faire à notre avenir commun soit celui de lui offrir le Kanata. Nous formerions alors à nouveau un seul grand village, qui serait nourri par cette terre à laquelle nous appartenons.

❧

Tom Hill habite dans la réserve des Six Nations. Il est artiste, conservateur et écrivain. Il occupe à l'heure actuelle le poste de directeur de musée au Woodland Cultural Centre.

Traduit par Anne Minguet-Patocka

L'ours dans ma chambre d'auberge

Lesley CHOYCE

QUÉBEC, moi aussi je suis séparatiste! En effet, toute ma vie je me suis efforcé d'être indépendant, de me démarquer par rapport aux grands courants de la société. Je mets sur le même pied d'égalité mon désir de séparation et les aspirations pour la liberté et l'indépendance qui sont les véritables moteurs de la croissance humaine créatrice. Pourtant, je me retrouve ici dans mon fauteuil, souhaitant désespérément que vous restiez avec nous. Je veux que vous restiez Québécois et Canadiens à la fois car je suis Canadien et j'ai besoin de vous. Ma sollicitude est de nature égoïste et dès le départ je me dois vous le confesser.

J'accueille la diversité à bras ouverts. Je suis plus heureux dans une société où les gens *ne* pensent *pas* tous comme moi, *ne* parlent *pas* tous ma langue maternelle et *ne* vivent *pas* d'après les mêmes règles quotidiennes selon lesquelles j'ai été élevé. N'être entouré que par des Anglo-saxons blancs et protestants comme moi c'est une bien triste situation. J'ai besoin de diversité pour devenir adulte, pour éviter la stagnation. Le Canada français fait partie de ma psyché, il a une présence salutaire même si nous vivons déjà séparés. L'Acadie me tient compagnie et me réconforte ici dans la province où je vis, mais le Québec fait partie de moi, de l'image même que je me fais de moi en tant que Canadien.

Mais avant que je ne commence à tenir des propos de patriote pompeux et arrogant, sachez que je suis un immigrant, quelqu'un qui s'est séparé du pays où il était né. Je suis venu dans ce pays, il y a dix-sept ans, pour une foule de raisons et immédiatement j'ai reconnu cette nation pour ce qu'elle était : un pays immense, entêté et maladroit d'un peu plus de vingt millions d'habitants, qui n'ont jamais été très sûrs de ce que signifiait être Canadien.

Quelle cure rafraîchissante, après avoir vécu toute ma vie jusque là aux États-Unis, un pays rigide car tellement sûr de lui. Mon Amérique était *sûre* que c'était elle la plus grande nation du monde; il n'y avait pas le moindre doute que notre croyance dans le drapeau et dans le président ne pouvaient aboutir qu'à des actions justes et que tout Américain, homme ou femme, s'il ou elle en avait envie, pourrait réaliser ce qu'il ou elle désirait et devenir milliardaire ou président ou même les deux.

J'ai grandi au New Jersey dans les années cinquante et soixante. Je n'ai jamais entendu évoquer la possibilité de sécession du New Jersey de l'union des états américains. Tous les matins, obéissants, on saluait le drapeau et on promettait de servir le gouvernement. Dans mon cours d'histoire, on m'apprenait qu'il n'y avait pas eu de sécessionnistes chez nous depuis que le Sud avait perdu la Guerre Civile.

Je connaissais peu le Canada et encore moins le Québec, même si ce pays n'était qu'à dix heures de route au nord de là où j'habitais. L'année de mon diplôme d'études secondaires, ma curiosité du nord s'était accrue et, avec un ami, je me rendis en voiture jusqu'en Nouvelle-Écosse, où nous fîmes la découverte d'une côte étonnamment peu peuplée avec des plages désertes et une mer d'un bleu très profond. Les gens étaient polis et affables comparés à ceux d'où je venais. Ceux qui parlaient anglais utilisaient des dialectes qui ne m'étaient pas familiers, et le français appris à l'école secondaire ne me servait pas à grand-chose avec les descendants des Acadiens auxquels j'eus à faire. Mais je revins chez moi avec le sentiment que le Canada m'avait été caché, un peu comme un secret. Ma brève rencontre avec cet endroit différent avait suffi à me convaincre que j'avais trouvé là le pays d'utopie.

J'étais de retour en Amérique et l'obsession nationale de l'époque : la violence. Le Vietnam, conflit que j'avais essayé d'ignorer pendant des années, n'était plus quelque chose dont je pouvais m'isoler. Des amis de ma ville natale mouraient là-bas en Asie. Si je n'étais pas vigilant, je pourrais finir aussi par être appelé au service militaire. J'avais toujours cru en mon pays—les cérémonies matinales avaient eu de l'effet jusqu'à un certain point. Mais maintenant tout avait changé.

Jusque là j'avais trouvé le moyen de reporter l'échéance de l'obligation du service militaire mais les règles du jeu furent changées. Les conscrits seraient choisis au moyen d'un simple tirage au sort basé sur la date de naissance. Ma date d'anniversaire me valut le numéro 146. Si le nombre de morts en service cette année-là avait augmenté, on aurait pu m'appeler à mon tour sous les armes. Ma demande formelle d'exemption à titre d'objecteur de conscience fut refusée, et j'envisageai alors mes options : aller combattre dans une guerre que je détestais, risquer d'aller en prison ou trouver refuge dans un pays étranger sympathique aux objecteurs de conscience.

Je ne fus jamais appelé sous les drapeaux, mais je savais où je serais allé si la convocation était arrivée : au Canada, très probablement au Québec. J'avais reçu des renseignements sur tous ceux qui avaient évité la conscription en se réfugiant à Montréal. J'étais persuadé qu'un humble exode était un effort humain nettement plus noble que celui de saisir une arme pour tuer des étrangers ou que celui de se faire tuer pour une cause injustifiable. Je suivis avec la pointe de mon crayon la ligne verte qui représente l'autoroute qui traverse l'État de New York jusqu'au Québec, vers le nord et la liberté. J'avais vu la bobine de film sur les déserteurs et les Américains réfugiés à Montréal qui avaient évité la conscription et, en fait, j'avais beaucoup d'admiration pour leurs actions.

Le Canada me hantait de nouveau comme étant ce que je pouvais m'imaginer de plus proche de l'utopie au vingtième siècle—un pays exempt de la pestilence enragée de patriotisme qui semblait être en train de détruire mon propre pays de l'intérieur, un pays triste et buté.

Durant les dernières années de cette guerre-là, je pense que je suis devenu séparatiste. C'est pour cela que je comprends très bien ce qu'est le sentiment d'être séparatiste. Parmi le ramassis de manifestants pacifistes de tout le pays, nous avions tenu à demeurer distincts. Nous n'avions pas de territoire géographique que nous pouvions déclarer indépendant, mais nous avons lutté contre l'Amérique moyenne pour la ramener à la raison jusqu'à la fin de la guerre.

Toutefois, même après que le conflit du Vietnam se soit enlisé, je n'ai jamais pu vraiment me sentir de nouveau complètement Américain. Je m'imaginais encore dans une autre dimension temporelle où, cette fois je serais parti par l'autoroute du nord et je serais passé au Canada, où j'aurais respiré la liberté de la campagne au nord du quarante-neuvième parallèle, où je serais parti vivre à Montréal ou dans une localité rurale du Québec parmi des gens parlant français pour lesquels je n'aurais pas été un lâche parce que j'avais refusé de me battre dans le sanglant et cruel conflit du sud-est asiatique.

Ce ne fut que longtemps après la guerre, au cours de l'hiver de 1978, qu'avec mon épouse Terry, nous sommes venus à Montréal en voiture et que nous avons grimpé le Mont Royal. Nous avons fait un tour dans la moiteur et la beauté des jardins botaniques et savouré le merveilleux sentiment de cette culture française «étrangère» qui se trouvait au seuil de mon domicile Américain. Lorsque ma voiture tomba en panne, je me retrouvai face à face avec la barrière de la langue. Je constatai ainsi les limites de mon monolinguisme, mais très vite je découvris aussi que ce type de barrière s'efface aussi vite qu'on le constate. C'était étonnant de réaliser que le Québec constituait un monde en soi, situé si près de celui où j'avais grandi, et cependant si différent de ce dernier.

En attendant, moi je ne savais rien de 1759, ni du passé du Québec, du ressentiment profondément enraciné, de la paranoïa anglo-canadienne, ni même de ce que Pierre Trudeau appelait «certaines tendances centrifuges» dans tout le territoire du nord. Au lieu de tout cela, mon épouse et moi, nous étions attirés par le Canada à cause de la solution de rechange que cela nous offrait par rapport à celle de vivre aux États-Unis, où nous étions devenus adultes et où nous avions perdu toutes nos illusions.

Terry et moi avions tâté le terrain à plusieurs reprises par des pèlerinages prolongés dans le nord. Juste avant de déménager pour de bon en Nouvelle-Écosse, nous faisions du camping près de la Pointe Michaud, une vaste plage sablonneuse en forme de croissant situé sur la côte sud de l'île de Cap Breton. Nous avons rencontré, dans une taverne, un jeune couple venant d'une localité rurale du Québec. Nous avons bu ensemble une Labbatt et avons passé la soirée à nous convaincre les uns les autres de notre respect mutuel. Ils habitaient une cabane en rondins dans les Laurentides, selon leur propos, et n'avaient pas l'électricité. Ce jeune couple robuste devait débiter six cordes de bois chaque année pour se chauffer. Ils vivaient en marge du Québec urbain et étaient heureux de leur sort. Nous nous liames d'amitié tout de suite jusqu'à ce que chacun reprenne son chemin sur la côte. Cette rencontre confirma mes soupçons, à savoir que le Québec était un territoire favorable pour des individualistes solides et aventureux avec des cœurs généreux et l'esprit large.

Notre immigration définitive au Canada en juillet 1978 constituait l'acte nécessaire de séparation du pays où j'étais né. C'était une occasion de commencer une nouvelle vie dans un nouveau pays. Pour dire la vérité, en ce qui me concerne, j'immigrais en Nouvelle-Écosse et non au Canada. J'avais besoin de la mer, et j'avais besoin d'un endroit pour vivre à part de la mégapolis urbaine qu'était devenue la côte Est. La Nouvelle-Écosse présentait tous ces avantages. Étant donné que politiquement cette province était désignée comme faisant partie du Canada, j'appris à devenir *Canadien* pour les besoins de la cause.

Au fil des années qui passent, le Canada n'a jamais essayé de me *canadianiser*. J'ai prêté allégeance, convaincu à demi de mon acte, à une reine qui m'était complètement inconnue lorsque je devins citoyen canadien, et j'avoue que je me suis trouvé un peu ridicule en le faisant, mais personne ne semble accorder à cela qu'une valeur toute symbolique. Contrairement à l'Amérique, le Canada n'a jamais essayé de me forcer à être autre que ce que voulais être : un écrivain, un adepte du surf, un enseignant, un amant et un père.

Le Canada est un grand pays, timide et quelque peu embarrassé. C'est pour toutes ces raisons que j'aime ce pays. Son ambiguïté (d'après moi) contribue à sa grandeur. Mais maintenant, soudainement, je réalise que c'est cette ambiguïté même qui peut en fait permettre au Québec de se séparer de nous et de se recroqueviller sur lui-même. Cette possibilité de vous perdre, je vous l'avoue, me remplit d'une grande tristesse.

J'aimerais pouvoir faire quelque chose pour éviter cela. J'aimerais pouvoir vous dire que vous avez mal interprété l'histoire, que vous devriez pardonner toute faute passée. Le romancier H.R. Percy a écrit une nouvelle provocante intitulée «Lettre d'Amérique» au sujet d'une Amérique du Nord francophone. L'histoire commence en 1975 et Percy a imaginé le continent tel qu'il aurait pû devenir si les Français avaient gagné la bataille pour l'Amérique du Nord. Une petite minorité anglophone militante envisage une rébellion. Publiée pour la première fois en 1976, la nouvelle de Percy m'a aidé curieusement à comprendre ce qui se passait dans le courant révolutionnaire qui se dessinait alors au Québec. Quel serait mon sentiment si j'appartenais à une minorité linguistique sur ce continent avec le fardeau de l'histoire sur mon dos? Qui sait, peut-être que moi aussi j'aurais été un séparatiste, un révolutionnaire.

Peut-être, tout comme vous, je ne fais pas confiance à l'histoire. Je suis persuadé en fait qu'elle nous ment. Je ne peux remettre en question chaque date, chaque leader, chaque bataille, chaque traité; mais plus je contemple le passé, plus je constate que le cours de l'histoire, son déroulement, à été choisi et revu et corrigé. Le passé est une chose qui peut être changée. Je n'ai aucune confiance dans les manuels scolaires ni dans les tomes écrits par des érudits qu'ils soient de tendance conservatrice, marxiste, féministe ou autre. Je trouve à présent mes propres héros, bons et mauvais, et ils ne coïncident vraiment pas avec ceux des livres d'histoire, même ceux qui ne datent que depuis 1970. Ici en Nouvelle-Écosse, j'ai découvert que l'un des premiers gouverneurs connus, Charles Lawrence, était plus digne d'être traité de criminel que de recevoir des honneurs. Cet homme réputé, considéré comme ayant eu une influence importante sur le développement de cette province, n'était que l'auteur de génocides, avec à son actif le bannissement des Acadiens et l'offre de récompenses monétaires pour les scalps des indiens Micmacs de la province. Je suis fâché contre les enseignants et les historiens qui ont essayé ainsi de voiler ma vision du passé en me faisant croire qu'il ne faisait en réalité preuve que de créativité stratégique en tant que chef militaire et qu'il ne faisait que son devoir. En fait, je suis plus préoccupé de l'avenir que du passé. Je ne peux rien changer au passé mais je *peux* m'efforcer d'avoir une influence, fût-elle infime, sur les événements à venir. Je peux encore dire aux gens du Québec que j'ai besoin d'eux. Même si vous n'avez pas particulièrement besoin de moi, en effet—encore un immigrant anglo venant de Nouvelle-Écosse, encore un *Canadien* hors Québec, vous direz-vous. Pourquoi ne pas me contenter de me taire et laisser tout cela suivre son cours?

Où est mon problème? Pourquoi me ferais-je du souci? Pourquoi j'ai besoin du Québec? En tant que Canadien des Maritimes, je ferais preuve de pragmatisme si je répondais que géographiquement nous allons nous retrouver coupés du reste du pays si le Québec se sépare. Ce qui va rester du Canada va être une nation amoindrie, plus vulnérable à l'assimilation économique et culturelle. Nous serions plus vite encore américanisés que jamais auparavant, ne disposant plus pour nous en distinguer de la puissante interaction de notre dualité culturelle linguistique. Nous ne jouirions plus de l'intensité culturelle particulière aux arts du Québec; la musique, la littérature, la danse, le cinéma et pourquoi pas, même la politique.

Si le Québec nous quittait, je crains fort que je finirais par retourner vivre aux États-Unis sans même avoir à quitter la salle de séjour de ma maison ici en Nouvelle-Écosse. Voilà en partie ce dont j'ai peur. Ou alors, si le Canada décide tout à coup de devenir plus «canadien», je crains que ce soit un Canada à l'image de Preston Manning ou de Ralph Klein. Nos provinces pauvres, perdues dans l'Est auraient bien peu d'espoir si elles étaient gouvernées avec des idées du parti de la Réforme qui pourraient bien nous reformer dans l'oubli économique. Parvenus à ce point-là, pourquoi alors ne pas couper tout lien entre l'Est et l'Ouest et devenir un autre état?

La réponse est que nous ne serions pas un autre état mais plutôt une colonie du Tiers-Monde que les Américains n'auraient plus qu'à exploiter. Malgré les quelques intérêts communs que nous avons avec les habitants de la côte du Maine, je pense que nous avons des liens bien plus forts avec les villages de pêcheurs de Gaspé et de la Basse Côte Nord du Québec. Mon territoire géographique à moi est constitué par ce village d'eau de mer qui va de Yarmouth à la Baie des glaces, de là jusqu'à Twillingate et jusqu'au Labrador, de Blanc-Sablon à Sept-Isles, de Port Miscou à Grand Manan. C'est là le village que je vois dans ma tête, et là où je vis fait de moi ce que je suis. Cette rive québécoise du grand fleuve Saint-Laurent fait partie de mon identité, et ton départ, Québec, appauvrirait tous les Canadiens des Maritimes qui ont partagé la vie des vents et des marées de cette côte.

J'admets que j'ai eu des velléités d'indépendance politique pour les provinces Maritimes. Je sais que je ne suis pas le seul à l'avoir pensé. La plupart des Néo-écossais ne voulaient même pas se joindre à la Confédération. Pour autant que je le sache, ils n'ont jamais donné d'approbation populaire à cette mesure. Certains disent même que les gens de cette époque furent simplement victimes d'un piège pour faire adhérer la province à l'union avec le Canada. Mais cela s'est passé il y a plus de cent trente ans, et je me contente de constater que les gens du Haut-Canada et les politiciens de Bluenose qui nous ont mis dans ce pétrin sont morts et enterrés et qu'il vaut mieux qu'il en soit ainsi. Aucun d'entre eux n'est vivant pour débattre de cette question.

Si le Québec se sépare, pourquoi les provinces Maritimes n'en feraient-elles pas autant? D'une certaine façon, c'est là une pensée réconfortante. Les économistes diraient que nous avons un territoire trop petit, que nous ne sommes pas assez peuplés, que nous n'avons pas assez de capitaux, que nous ne sommes pas assez industrialisés et que nous ne disposons d'aucune combinaison des ressources nécessaires. Pourtant deux millions et demi de personnes me semblent être beaucoup de gens. L'Islande,

Pour l'amour de ce pays

après tout n'a que deux cent trente mille habitants environ et ils sont une nation souveraine depuis des centaines d'années. Ou alors nous pourrions élargir nos horizons et proposer une nouvelle nation qui comprendrait toutes les provinces Maritimes, l'Islande, le Groenland, et peut-être que l'on pourrait persuader de s'unir à nous l'archipel des îles Féroé et celui des îles Shetland. Je serais alors satisfait du point de vue de la diversité culturelle, et nous aurions quand même un lien commun, notre vocation maritime mutuelle. Cette nouvelle nation, Atlantica, à mon avis remplacerait une nation continentale complexe et inflexible par une forme de Commonwealth océanique. Mais je doute fort d'être en mesure de rassembler un soutien massif pour un tel état-nation.

Me voici donc revenu à mon espoir le plus grand, que pour moi et pour le Québec, le futur est encore plus important que le passé. Si nous divisons le Canada, tous, Anglais et Français, nous allons remettre les rênes de notre économie et de notre culture, de notre politique et de nos rêves aux géants politiques et aux multinationales qui pourront nous les revendre et finiront par nous manger tout crus. Le Canada à déjà perdu beaucoup de terrain depuis que j'ai déménagé dans ce pays. Il est de moins en moins canadien. Et d'ores et déjà je suis nostalgique. Alors vous pouvez vous imaginer l'immensité de ma nostalgie sans le Québec.

Lors d'une randonnée dans les collines du Parc de la Gâtineau l'été dernier, il m'a été donné de constater de nouveau la beauté du Québec. Un de mes amis qui est rédacteur de la revue *Canadian Geographic* nous à sortis de la digne ville d'Ottawa pour nous conduire à la campagne au Québec, nous avons garé notre voiture et commencé notre randonnée et tout d'un coup nous nous sommes retrouvés devant un mur de rocher imposant. Ce n'était pas là le défi le plus grand du monde, mais un défi quand même pour deux alpinistes de bureau qui souffraient de maux divers et pas en forme pour franchir ce mur de rocher sans difficultés. L'un comme l'autre avions notre fierté à défendre, aussi très prudemment, nous avons grimpé de prise en prise, de plate-forme en plate-forme, jusqu'en haut des quelques centaines de pieds de la falaise. D'abord mon ami ouvrait le chemin hardiment, puis une fois en sécurité il m'aidait à le rejoindre. Ensuite c'était à mon tour de grimper en tête et de l'aider à me rejoindre. Une fois au sommet, nous avons admis que chacun de notre côté nous n'aurions pas pu grimper jusque là. Il y avait quelque chose dans cette psychologie de prendre la tête tour à tour pour avancer et aider son partenaire qui nous avait permis de réaliser ce petit exploit.

Le panorama sur la vallée de l'Outaouais et les champs cultivés du Québec était étonnant et cela me fait penser à toi, Québec. Je nous vois tous ensemble, grimper jusqu'aux dangereuses plate-formes du futur. Si l'un de nous tombe, ce sera parce que l'autre n'aura pas été là pour tenir bon. Pour être tout à fait franc, je m'attends à ce que votre population s'en tire mieux que nous les Canadiens des Maritimes, si vous choisissez de vous séparer. Peut-être que ma requête que vous restiez avec nous dans la Confédération n'est qu'un acte de désespoir; ou peut-être est-ce celle du grimpeur qui à peur d'aller plus haut sans son compagnon. Je ne peux rien affirmer avec certitude.

Tout comme vos séparatistes au Québec, je sais à quoi je *ne* veux *pas* adhérer. Je ne veux pas être membre du Parti Libéral, ni du clan des Progressistes Conservateurs, certainement pas du parti de la Réforme et les Néo-démocrates pourraient me tenter mais je préférerais rester non aligné. Je ne suis affilié officiellement à aucune religion ni n'endosse aucune philosophie facilement identifiable. Je suis bien plus heureux de mon manque d'affiliations que je ne le suis des organisations desquelles je suis membre. Je suis un idéaliste confirmé qui s'efforce de mener une existence sans structures, non encombrée et sans obstacles. Et le plus souvent je n'atteins pas cet objectif.

Le Canada est un pays, je crois, qui tolère mes excentricités plus que d'autres pays ne le feraient. J'aime l'océan et, avec ma planche de surf, j'aime glisser sur la crête des vagues qui viennent des profondeurs de la mer pour déferler près du littoral. Je pratique le surf été comme hiver. Mes voisins me croient fou à lier à cause de cela. Faire du surf par moins vingt degrés Celsius ne peut, pour eux, être qu'une preuve de folie furieuse! Mais au fond, ils approuvent quand même.

Je vieillis et je suis plus heureux dans cette atmosphère de douce tolérance. Je suis entouré d'opinions à la télévision, dans les journaux et par celles de mes amis et collègues. Nous sommes tous entravés par les nouvelles de la dette nationale et le désastre imminent qu'elle implique et cependant, je me tiens debout et je vais travailler, j'écris, je fais du surf, je mets mes enfants au lit le soir et, à la fin de ma journée, je suis toujours convaincu que j'ai choisi le meilleur pays au monde où vivre.

Chaque homme et chaque femme au Québec qui a le même sentiment que moi à la fin de la journée pourrait se demander si au fond ça ne pourrait être encore mieux que cela après la séparation. Cette possibilité doit être tentante. Mais je crains que les sacrifices pourraient être bien plus grands. Certains d'entre nous demeureraient vos amis. Pour ma part je ne pourrais pas faire autrement. Mais il y a toujours une partie de la population qui veut absolument que le blâme soit jeté, qui incite au préjudice et à la haine. En cas de séparation, Québec, ces voix-là dans le reste du Canada seront plus fortes et plus persuasives. Lorsque le prochain projet tournera mal pour le gouvernement de la nation (il y en a toujours un, *prochain projet*), il y aura toujours quelqu'un avec une voix forte et un esprit étroit pour vouloir rejeter le blâme sur vous. Je le sais, ce n'est pas votre affaire, et je vous comprends, mais c'est la mienne. Le Canada ne vous aura plus pour répondre à ces voix-là de l'intérieur, pour nous éclairer avec des vérités à facettes multiples, pour nous rappeler l'importance de la diversité et de la tolérance les uns envers les autres.

Vous pouvez me faire remarquer que je n'ai aucun droit de faire de telles affirmations. Je n'ai rien à répondre à cela; tout ce que je demande est une faveur personnelle—moi, quelqu'un que vous n'avez même pas rencontré, qui connaît relativement peu de chose sur le Québec et qui fait valoir des notions nébuleuses, au sujet d'une autre dimension temporelle, de respect mutuel, de réalignement géographique et de la pratique du surf en hiver.

J'aimerais vous rappeler, quand même, que ma république personnelle (celle dont la carte existe dans mon imagination) est constituée par le cercle de communautés disséminées le long du littoral du golfe du Saint-Laurent, de la baie de Fundy et des autres territoires externes baignés par l'océan Atlantique. J'ai parcouru le périmètre de ce royaume, et nulle part ailleurs je ne me suis senti chez moi comme sur la Basse Côte Nord du Québec. Au mois d'avril 1990, j'ai eu la chance de faire partie d'une tournée d'auteurs de livres qui m'a amené à voyager de Sept-Isles jusqu'à Blanc-Sablon. Michel, le responsable local du réseau régional de bibliothèques, nous accompagnait lors de ce voyage, qui s'est déroulé en avion, en hélicoptère, en motoneige et en voiture dans les communautés disséminées sur la côte. J'ai eu le privilège de rencontrer sur ce littoral des gens de descendance française et anglaise qui menaient une existence distincte et intéressante isolés par rapport à la société normale du sud. Chaque journée de ce voyage fut pour moi une véritable aventure, et j'appris à respecter ces gens au cœur vaillant qui se taillaient une existence heureuse le long de la Basse Côte Nord.

Je m'identifiai avec leur amour de ce territoire à l'aspect rude et de la mer. Je rencontrai un homme à Chevery qui fabriquait ses bateaux lui-même avec les planches d'arbres qu'il avait aussi coupés lui-même dans les collines des environs. Il me déclara qu'il n'aurait même pas pensé une seconde à fabriquer un bateau d'une autre façon, avec l'air de dire qu'il ne pouvait pas croire que le bateau flotterait s'il était fait avec d'autres planches que celles façonnées par lui-même.

Je fus accueilli à bras ouverts et avec générosité de la baie du Loup à Blanc-Sablon. J'ai grimpé au sommet d'une montagne à la baie des Moutons et je me suis assis parmi les rochers recouverts de lichens orange et de mousse par une belle journée claire et ensoleillée et j'ai cru que j'étais quelque part dans la banlieue du paradis. Le lendemain, décollant dans un petit hélicoptère d'une plate-forme faite de planches de contreplaqué doublées, nous avons volé en rase-mottes au dessus de la toundra enneigée, le sac du courrier suspendu à la carlingue. Nous étions à l'étroit, transportant trop de passagers et le pilote avait l'air d'être tout juste en âge de se raser. Lorsque la porte juste à côté de moi s'ouvrit, chacun s'accrocha à moi alors que mon regard plongeait vers l'éternité et les marécages glacés. J'eus alors vraiment l'impression d'être un membre de la famille. Après, nous en avons tous ri, puis l'incident a été ré-évalué dans les deux langues officielles, et je dois dire qu'à cet instant-là je me sentis tout à fait vivant.

J'ai aimé la façon de ces gens du Nord de discuter des villes du «Sud»—Toronto, Montréal et Ottawa—et j'ai constaté leur étonnement, à savoir, comment peut-on vivre si près de son voisin, comment peut-on endurer une chaleur aussi intense en été? Je me suis habitué aux secousses dans la boîte verte des motoneiges qui servent de taxi et au goût de l'omble de l'Arctique ainsi qu'aux histoires des immigrants sur ces rivages—les vieilles familles de Terre-Neuve venant de l'est et les Français venant du sud-ouest.

A mon avis, il s'agissait d'une terre avec bien des avantages et lointainement apparentée au paysage urbain du continent situé plus au sud. Tout comme lors d'autres voyages dans des régions isolées, plus je m'éloignais de ce qu'on appelle la civilisation, plus tout semblait devenir plus *canadien*. C'était un bon sentiment de se sentir canadien au Québec.

Je ne rencontrai que des esprits familiers et de la gentillesse chez les gens de Chevery, de la baie des Moutons, de Tête-à-la-Baleine, de la Tabatière, de Saint-Augustin et de la baie du Milieu. J'ai apprécié la neige profonde et les hautes falaises rocheuses, les pare-brises fêlés et les vents hululants, les enfants curieux et partout les échanges entre cultures, ancienne et moderne.

Lors de la dernière étape du voyage, Michel et son copain Kenneth m'installèrent confortablement à l'auberge de l'Anse-Aux-Cailloux à Blanc-Sablon. Après mon passage dans les écoles locales, on a pris une bière au bar Blue Moon Disco et observé l'enchevêtrement scintillant, bleu et blanc, de la banquise juste sous les fenêtres du bar, cette étendue de glace entre le détroit de Belle Isle qui sépare cette région du Québec de Terre-Neuve.

Pour la première fois au cours de ce voyage, je me retrouvais au milieu d'un groupe d'étrangers parlant tous français. On m'avait oublié, et je n'avais aucun moyen de prendre part à la conversation. Michel, parfaitement bilingue, s'était lancé dans une discussion animée, et malheureusement je pouvais en aucune façon contribuer à cette discussion. C'était par pure inadvertance, et étonnant qu'une telle situation ne se soit produite avant ce moment-là dans ma vie mais, mon regard perdu sur l'étendue du détroit, tout en sirotant ma bière, la nouvelle de H.R. Percy me revint subitement à l'esprit et je ressentis alors tout l'isolement d'une langue. Je comprenais la plupart de ce qui se disait mais je ne parlais pas suffisamment couramment pour pouvoir participer activement à la discussion. De ce fait je me retrouvais automatiquement relégué au rang d'étranger, et qui plus est invisible.

Cette nuit-là, j'optai pour l'isolement de ma chambre d'auberge alors que les flocons de neige tourbillonnaient à ma porte. Craignant de me perdre encore dans la conversation de la soirée, je décidai de rester dans ma chambre et de dormir au lieu de sortir en ville. Mais je pense que Michel et Kenneth eurent pitié de moi et voulurent me faire participer malgré moi aux distractions locales.

Ils s'arrangèrent pour obtenir la clé de ma chambre et au milieu de la nuit ils entrèrent dans ma chambre. En silence, ils installèrent un ours empaillé au bord de mon lit. Un ours noir de six pieds de haut avec des dents en plâtre parfaitement imitées et des yeux en verre foncés, dressé sur ses pattes pour l'attaque, l'air farouche et prêt à bondir. Une bête qui devait faire la fierté du taxidermiste qui l'avait empaillée.

Ils réintégrèrent leur chambre, voisine de la mienne, et allèrent se coucher en attendant que mes cris les réveillent.

Je me réveillai peu de temps après le lever du soleil, et là, encadré dans mon champ de vision, je vis cette créature terrifiante prête à bondir. Je ne sais pas pourquoi je ne me mis pas à crier mais au fond de moi un restant d'instinct primitif me disait que cet ours n'était pas vivant. Ce n'était pas une menace. Je m'assis et je réalisai ce qui s'était passé. Je pensai immédiatement que quelqu'un s'attendait à m'entendre crier.

Pendant une minute, je me demandai ce que j'allais faire. Était-ce là seulement une farce à sensation? Cela signifiait-il quelque chose d'autre? Bien entendu il s'agissait là d'une des farces à faire à «un étranger», à quelqu'un non originaire de la Basse Côte Nord. Ainsi Michel et Kenneth avaient envahi ma vie privée pour me laisser en tête-à-tête avec ce magnifique spécimen de la faune très réaliste, un ours noir. J'aurais pu avoir une crise cardiaque. Cela aurait pu me fâcher, non?

Aussi étrange que cela puisse paraître, je me trouvai flatté du fait qu'ils s'étaient donnés bien du mal pour moi, qu'ils aient eu suffisamment confiance en moi pour savoir que je n'appellerais pas la GRC, que je ne me plaindrais pas au gérant de l'auberge ou que je ne me sente insulté le moindre du monde. Ce n'était qu'un rite de passage pour être admis dans l'univers de la Basse Côte Nord. Aussi je n'avais plus le choix, il fallait que je crie pour les satisfaire.

Ça n'a pas raté, Michel et Kenneth ont rappliqué tout sourires. Je pris un air complètement bouleversé jusqu'au moment où je jugeai qu'ils étaient satisfaits de leur coup.

«Alors, on t'a bien eu hein», dit Michel.

«Oui vraiment, vous m'avez bien eu, répondis-je. Toute une surprise, c'est sûr!»

Je ne sais pas pour quelle raison cet ours dans ma chambre d'auberge revient me hanter périodiquement. Je souris chaque fois que je repense à cet épisode, et je me dis de nouveau que ce n'est pas n'importe qui qui se serait donné tout ce mal pour moi.

Quand je pense au Québec, je pense aux collines de la Gâtineau, aux magnifiques yeux sombres des enfants de la ville de Québec, à ces hommes riches sur leurs bateaux de plaisance un dimanche après midi le long du Saint-

Laurent, aux jungles en fleurs des jardins botaniques, et aux cafés de Montréal. Mais avant tout je revois l'ours noir dans ma chambre d'auberge à Blanc-Sablon. Pour moi, cet épisode de ma vie montre bien le sens que vous avez, au Québec, «d'avoir bien du fun», d'une façon un peu malicieuse, et en même temps montre aussi votre goût de la vie.

Au fond, pour le Canada, c'est peut-être encore vous qui avez toujours mis l'ours dans la chambre à coucher. Certains d'entre nous se sont peut-être sentis menacés, mais nous sommes nombreux, et je suis de ceux-là, à vous être reconnaissants de l'avoir fait.

Dans mon dernier roman, intitulé *The Republic of Nothing (La République de Rien)*, Everett McQuade déclare l'indépendance de l'île Whalebone sur la côte est de la Nouvelle-Écosse. Il en a assez de la politique provinciale, nationale et mondiale et il proclame la liberté de sa république par rapport à toute forme de gouvernement. En tant que république de rien, il n'y aurait pas de chefs ni de dogme à suivre. Les gens feraient ce qu'ils voudraient librement et ils vivraient sans subir l'interférence du monde extérieur compliqué et débilitant, n'attendant qu'une occasion pour les dominer.

Je souhaiterais vivement que l'indépendance auto-définie prenne cette forme dans la vie réelle. Je souhaiterais, là où cela est possible, l'instauration d'un régime anarchique parfait et pacifique. Mais ce n'est pas possible. Au lieu de cela, nous devons tous vivre conformément à des alliances pas toujours faciles. Mon Canada consiste en un rêve de peuples différents vivant ensemble, sans jamais se fondre en une masse homogène constituant une société. C'est un pays où l'individualisme est reconnu comme tel, où la diversité de culture et de genre de vie est tolérée et même encouragée, où nous pouvons continuer à vivre les uns avec les autres et à protéger nos visions mutuelles.

Je ne pense pas que nous puissions réaliser cela sans toi, Québec. Cher Québec, moi aussi je suis séparatiste, et c'est pour ça que j'espère que nous pourrons rester ensemble.

❧

Lesley Choyce est l'auteur de trente-neuf livres et vit à Lawrencetown Beach en Nouvelle-Écosse. En 1993 il a gagné les championnats nationaux canadiens de Surfing.

Traduit par Julien Marquis